SIEGFRIED · & · LE CRÉPUSCULE · DES DIEUX

PAR · RICHARD · WAGNER

& ILLUSTRÉ PAR &
ARTHUR RACKHAM

HACHETTE ET CIE

L'ANNEAU
DU NIBELUNG

L'Or du Rhin
La Walkyrie
Siegfried
Le Crépuscule des Dieux

L'ANNEAU DU NIBELUNG

TETRALOGIE

PAR RICHARD WAGNER

II

Nothung ! Nothung ! Glaive rêvé !

SIEGFRIED & LE CREPUSCULE DES DIEUX

PAR·RICHARD·WAGNER
AVEC·ILLUSTRATIONS
PAR·ARTHUR·RACKHAM

TRADUITS·EN·PROSE·RYTHMÉE·PAR·ALFRED·ER...

PARIS · HACHETTE · ET · Cⁱᵉ

ILLUSTRATIONS

Nothung ! Nothung ! Glaive rêvé !   Frontispice

Mime à l'enclume   2

Mime et Siegfried enfant   8

J'ai pu comprendre ainsi l'amour   10

Siegfried se mire au ruisseau   12

Mime trouve la mère de Siegfried dans la forêt   14

Et le Dragon hideux, Fafner, veille seul sur l'or 22

Mime et le Voyageur   24

Siegfried forge Nothung   38

Siegfried enfonce Nothung dans la gorge de Fafner 56

Ce sang brûle comme du feu   58

La querelle de Mime et d'Alberich devant le corps de
   Fafner   60

Siegfried contemple Brünnhilde endormie   86

Le réveil de Brünnhilde   88

L'étreinte   98

Les trois Nornes   104

Les Nornes disparaissent   108

Siegfried quitte Brünnhilde à la conquête de la gloire 110

Siegfried rend la corne à Gutrune et soudain la passion
   l'embrase   120

Brünnhilde baise l'Anneau   126

Les corbeaux de Wotan   128

Waltraute conjure Brünnhilde   130

Alberich déclare son amour à Grimhilde, mère d'Hagen 138

Jures-tu, Hagen, mon fils ?   140

ILLUSTRATIONS

Hagen jure de venger Brünnhilde   156

Siegfried et les Filles du Rhin   164

Les Filles du Rhin supplient Siegfried   166

La mort de Siegfried   174

Brünnhilde s'élance dans les flammes   182

Les Filles du Rhin portent l'Anneau en triomphe   184

SIEGFRIED

PERSONNAGES

Siegfried
Mime
Le Voyageur (Wotan)
Alberich
Fafner
Erda
Brünnhilde
La voix de l'oiseau de la forêt

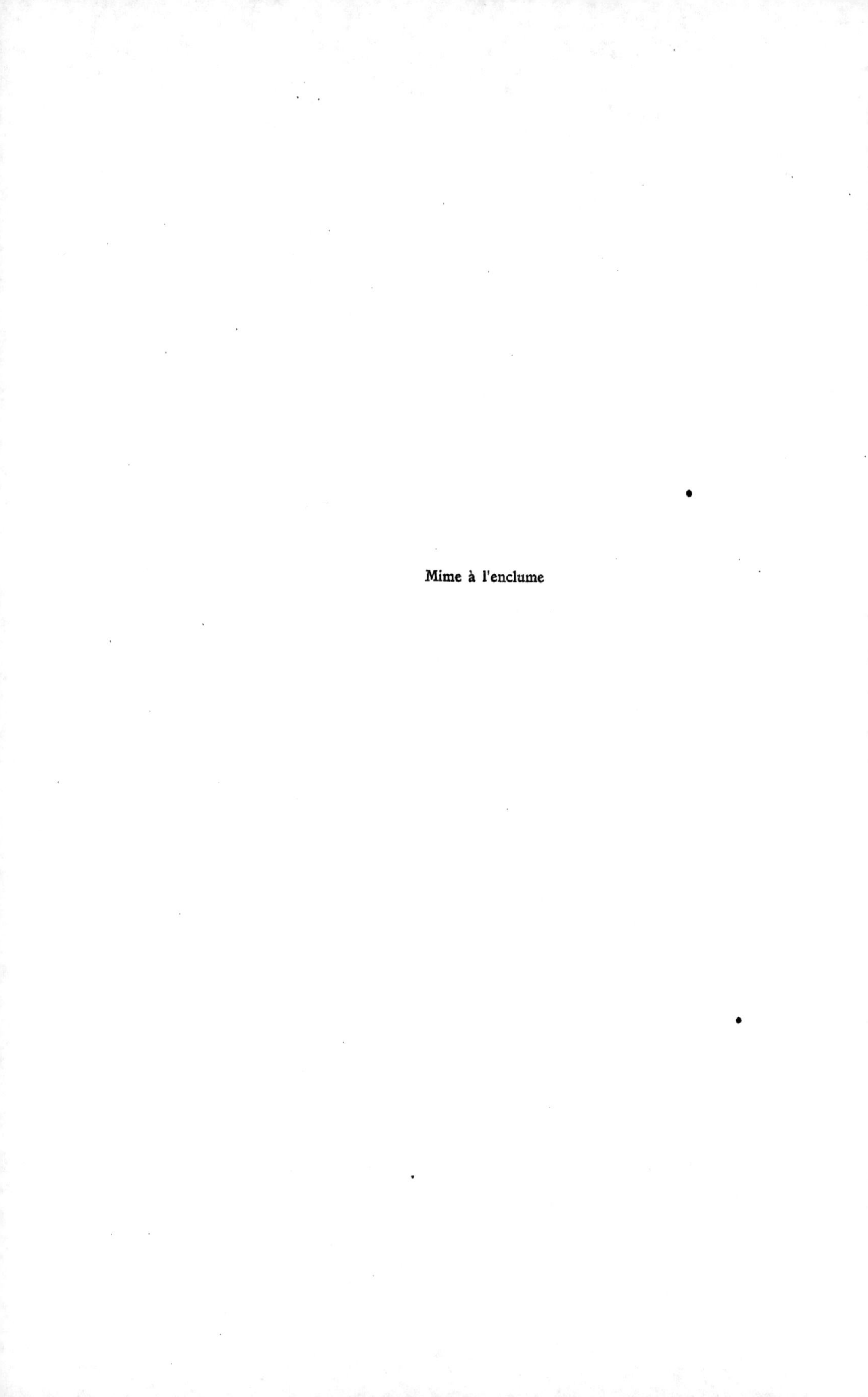

Mime à l'enclume

ACTE I

*Une grotte dans la forêt. A l'intérieur, une forge naturelle et un grand
soufflet. Devant l'enclume est assis Mime, attentif à forger une épée.*

PREMIÈRE SCÈNE

Mime
*interrompant son
travail.*

Peine stérile !
tâche sans fin !
Le meilleur fer
que j'aie martelé
aux géants eux-mêmes
eût pu servir :
mais, lui qui l'exige,
l'enfant détestable
le va jeter en morceaux
tout comme un simple hochet !

[*Mime, découragé, jette l'épée sur l'enclume, laisse
tomber ses bras et regarde à terre, pensif.*

Un glaive seul
lui serait rebelle :
Nothung ferme
tiendrait en son poing
si j'en soudais les fortes pièces
que tout mon art n'a pu joindre encor !
Si j'en faisais son arme,
de mes maux j'aurais le paiement !

[*Il se courbe plus profondément, la tête comme alourdie
par ses réflexions.*

SIEGFRIED

Fafner, cruel dragon,
gîte aux bois obscurs.
Sous ses lourds et hideux replis
des Nibelungen l'or
est bien gardé,
Siegfried, fort jouvenceau,
pourrait coucher Fafner mort.
Du Niblung l'Anneau
serait mon butin !
Un fer seul peut cet exploit.
Seule Nothung peut me servir,
quand Siegfried la brandira.
Mais en vain je forge,
Nothung, l'Épée.

[*Il a remis la lame sur l'enclume et la martelle avec
un grand découragement.*

Peine stérile !
Tâche sans fin !
Le meilleur fer
que j'aie martelé
ne peut valoir
pour l'unique haut-fait !
Je frappe et martelle ici,
car l'enfant m'y contraint.
Il met mon œuvre en tronçons
et gronde si je suis las !

[*Il laiſse tomber son marteau.*

*Siegfried, vêtu groſſièrement, un cor d'argent à son cou, accourt avec impétuoſité.
Il conduit un grand ours muselé d'un lien fait d'écorce d'arbre et le
lance joyeusement sur Mime.*

Siegfried
encore à l'extérieur.

Hoi-ho !

[*Entrant en scène.*

Hoi-ho !
Mords-le ! Mords-le !

SIEGFRIED

Mange !   Mange le sot forgeur !

Siegfried
riant.

Ha ha ha ha ha ! . . .

Mime
*poursuivi par
Siegfried qui excite l'ours contre lui.*

Foin de la bête !
Que faire d'un ours ?

Siegfried

A deux nous allons
mieux t'entreprendre :
Fauve !   Réclame mon fer !

Mime

Hé ! chasse l'ours !
Là gît ton glaive
prêt depuis ce matin.

Siegfried

Un jour encore
sois sauf.

*[Il délivre l'ours de son lien et lui donne un coup de
corde sur le dos.   L'ours s'enfuit vers la forêt.
Mime revient, tout tremblant, devant le foyer.*

Cours, Fauve !   C'est assez de toi.

Mime

J'admets qu'aux ours
tu donnes chasse.
Pourquoi, vivants,
les mener chez nous ?

*[Siegfried s'aſſied pour se remettre de son accès de
gaîté.*

Siegfried

Cherchant compagnon plus digne
que le seul que j'aie ici,
du cor, au fond des forêts,
j'ai lancé le chant sonore :
Si j'allais voir paraître
un bon ami ?

5

SIEGFRIED

Tel fut le but de l'appel.
Du fourré sortit un ours,
l'oreille au guet, tout grognant.
Il m'a plu
mieux, certes, que toi.
Pourtant, je veux mieux encor !
De ce dur lien
par moi muselé,
il vint s'enquérir de mon glaive.

[*Mime prend l'épée pour la tendre à Siegfried.*

Mime

J'ai fait ce glaive aigu ;
de son fil tu vas être fier.

[*Il tend l'arme à Siegfried avec inquiétude. Siegfried la saisit d'un mouvement brusque.*

Siegfried

C'est peu le fil reluise
si l'acier n'est dur et fort !

[*Essayant la lame.*

Hé ! qu'est ce vil jouet d'enfant !
Un tel fétu
est-il un glaive ?

[*Il frappe l'enclume d'un coup d'épée. L'épée se brise en éclats. Mime recule, effrayé.*

Siegfried

Attrape les pièces,
drôle stupide !
Sur ton museau
j'aurais dû le rompre.

Sot fanfaron,
croit-il qu'il me berne ?
C'est de géants qu'il me parle,
et de luttes, d'exploits superbes,
de rudes combats.
Il veut forger glaives, fortes armes,

vante son art,
se dit sans rival ;
mais, si j'empoigne
ce qu'il m'apporte,
du premier coup
ça vole en éclats !
Si je n'avais
dégoût de ce gueux,
dans sa forge
il cuirait avec ses hochets,
stupide nain décrépit !
Ma rage du coup finirait !

*[Siegfried en fureur s'affied sur un bloc de pierre.
Mime se tient toujours prudemment à diftance.*

Mime

Tu cries encor comme un fou :
Ton cœur est trop ingrat.
Si le méchant garçon
n'est servi sur l'heure au mieux,
tous mes bienfaits passés
ne comptent plus pour lui.

N'as-tu donc plus mémoire
de tous mes bons préceptes ?
Tu dois savoir te soumettre
à qui de biens t'a comblé.

*[Siegfried regarde du côté du mur et tourne le dos à
Mime.*

Voici qu'encor tu me boudes !

*[Un moment indécis, Mime vient, enfin, vers le
foyer.*

Pourtant, veux-tu manger ?
La viande sort de la broche.
Veux-tu au bouillon goûter ?
Pour toi seul je l'ai fait.

SIEGFRIED

Seul j'ai cuit mon rôti :
De ta soupe mange seul !

*[Mime offre les mets à Siegfried qui, sans se re-
tourner, d'un geste brusque, fait rouler à terre la
marmite et la viande.*

C'est d'un tendre amour
le triste prix !
C'est l'affreux paiement de mes soins !

Marmot vagissant,
Je t'élevai,
chauffant de langes
l'enfant chétif.
Mets et boisson
je t'ai fourni
et mieux gardé
que ma propre peau.
Puis, lorsque vint l'âge,
je t'ai couvé,
dressant ton lit
pour un doux repos.
J'ai fait tes hochets
et ton cor vibrant ;
pour t'amuser,
je m'efforçais.
Mon fin savoir
te put rendre fin ;
mon sage avis
ouvrit ton esprit.
Suis-je au logis,
forgeant, suant,
à cœur-joie tu cours où tu veux.
Pour toi seul en peine,
pensant à toi seul,
je m'use et vieillis,
moi, pauvre nain !

Mime et Siegfried enfant

Et, pour mes peines,
en guise de prix,
le terrible garçon
me tourmente, me hait !

[*Siegfried s'eſt, de nouveau, tourné vers Mime et il
le regarde tranquillement. Mime, rencontrant
son regard, cherche à s'y dérober, avec crainte.*

Siegfried

Fort savant es-tu, Mime !
De toi j'eus maintes leçons,
mais ce que tu veux tant
 m'apprendre,
je n'en saurai rien jamais :
c'est à souffrir ta vue.
Si tu m'apportes
mets et boisson,
l'horreur m'enlève la faim.
Si tu me fais
Un lit bien moelleux,
dormir me pèse aussitôt.
Si tu m'enseignes
l'art d'être fin,
je m'aime mieux balourd.
Si je dirige mes yeux vers toi,
je trouve exécrable
chacun de tes faits.
Et quand tu marches,
boîtes et traînes,
cloches, et louches
de tes yeux qui clignent,
je voudrais au cou
saisir le drôle,
chasser bien loin
cette horrible face.
Vois comme, Mime, je t'aime !
Étant si sage,

9

SIEGFRIED

tu vas m'instruire
d'un point que je cherche en vain.
Par les bois j'erre
pour fuir ta face :
qu'ai-je qui me fait revenir ?
Toute bête m'est plus chère que toi.
Nids aux branches, poissons au
    ruisseau
rien ne me fâche, hormis de te voir !
Mais qu'ai-je donc pour revenir ?
Toi qui sais, apprends-le moi !

Mime
*cherchant à
s'approcher de Siegfried amicalement.*

Mon fils, cela te prouve
combien je suis cher à ton cœur.

Siegfried

Tu m'es intolérable,
n'oublie pas ça, d'abord !

*[Mime recule et va s'asseoir plus loin, en face de
Siegfried.*

Mime

C'est là ton sauvage esprit
que tu dois, méchant, dompter.

Tristes les jeunes pleurent
vers le bon nid des vieux.
C'est l'amour qui les presse.
Ainsi tu languis vers moi !
Tu aimes ainsi ton Mime !
Il faut que tu l'aimes !

Dans le nid l'oisillon trop frêle
est par l'oiseau nourri,
tant que faible est son aile.
Tel, jeune enfant, pour toi
zélé doit être ton Mime.
Il faut qu'il le soit !

J'ai pu comprendre ainsi l'amour

SIEGFRIED

<table>
<tr><td>Siegfried</td><td>

Hé, Mime, es-tu si sage,
Dis-moi encore autre chose.
       [*D'un ton simple.*

Le chant des oiseaux
est si doux au printemps
et l'un appelle l'autre.
Tu dis toi-même,
quand je veux savoir :
Ce sont là mâle et femelle.
Ils s'aiment, si tendres,
ensemble toujours,
bâtissent un nid,
et couvent des œufs ;
et, lorsque volètent,
les tout petits,
le couple veille sur eux.
Au bois les chevreuils
s'unissent aussi.
Renards et loups font de même.
Seul le mâle fournit la pâture,
la mère allaite les jeunes.
J'ai pu comprendre
l'amour ainsi :
aux mères je n'ôte
les petits jamais.
Où as-tu donc, Mime,
ta douce compagne,
que je la nomme ma mère ?
</td></tr>
<tr><td>Mime</td><td>

Qu'as-tu, niais ?   Ah ! pauvre sot !
Te crois-tu oiseau ou renard ?
</td></tr>
<tr><td>Siegfried</td><td>

Marmot vagissant
tu m'élevas,
chauffant de langes
l'enfant chétif.
</td></tr>
</table>

SIEGFRIED

Mais d'où te vint
ce petit enfant ?
Bien sûr
tu ne m'as pas sans mère fait.

<table>
<tr><td>Mime
en grand
embarras.</td><td>Crois sans plus ce que je t'affirme :
je suis ton père et ta mère à la fois.</td></tr>
</table>

Mime
*en grand
embarras.*

Crois sans plus ce que je t'affirme :
je suis ton père et ta mère à la fois.

Siegfried

Tu mens, horrible hibou !
Que les jeunes aux vieux ressem-
   blent,
cela je l'ai su très bien voir.
J'allai jusqu'au clair ruisseau,
voir les arbres, les bêtes
que l'eau reflète.
Astre, nuages,
tous, tels qu'ils sont,
dans l'onde parurent de même.
Je vis à son tour
mon propre aspect.
Tout autre que toi
je me suis vu.
Tel est au crapaud
le poisson argenté.
Poisson de crapaud ne peut naître !

Mime

Affreux non-sens
que tous ces propos !

Siegfried
en s'animant.

Juste, je crois comprendre enfin
ce que j'ai cherché si longtemps :
lorsqu'au bois je cours,
pour fuir ta présence,
ce que j'ai pour revenir ?

[Il s'avance brusquement.

De toi il faut que j'apprenne
pour père et pour mère qui j'ai !

Siegfried se mire au ruisseau

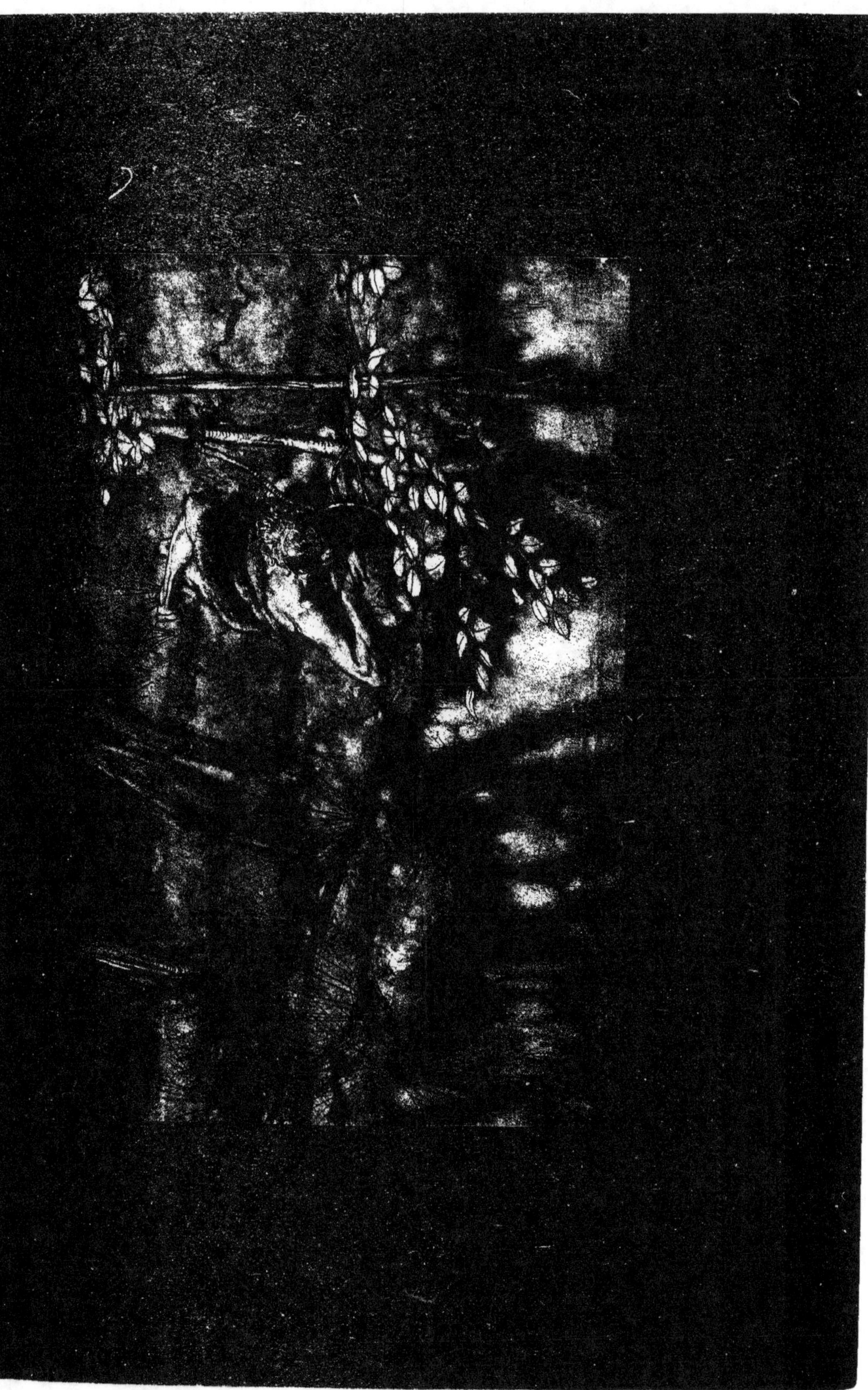

Mime

Ton père !   Ta mère !
Sottes demandes !

[*Siegfried se jette sur Mime et le prend à la gorge.*

Siegfried

Faut-il te contraindre
à me répondre ?
Rien, rien à tenir de ton gré !
Qu'ai-je eu de toi
sinon par force ?
S'il m'apprit son langage,
c'est qu'il y fut contraint rudement.
Allons, vite, drôle hideux !
Nomme mon père et ma mère.

[*Mime fait signe de la tête et des mains qu'il va
obéir. Siegfried le laisse.*

Mime

Tu vas me faire mourir !
Assez !   C'est savoir qu'il te faut ;
Eh ! sache tout comme moi ! . . .
Ingrat, cœur dur, méchant enfant,
apprends pourquoi tu m'exècres !
Mime n'est père ou cousin pour toi.
A moi cependant tu dois tout.
Tu m'es étranger
et n'as d'autre ami.
Par pitié seulement,
moi, je te pris :
j'en ai l'aimable paiement !
Qu'attendais-je, simple, pour prix ?
En pleurs, faible, une femme
au bois ténébreux gisait.
Vers l'antre, alors, je l'aidai,
jusqu'au foyer qui réchauffe.
D'un fils elle était grosse
qui vint au monde ici.
Cruel était son mal ;
je fis pour elle au mieux.

SIEGFRIED

Jour plein d'horreur !
Elle meurt ; mais Siegfried voit le
jour.

Siegfried

Ma mère est donc morte par moi ?

Mime

A ma garde elle t'a remis.
J'ai bien soigné l'enfant.
Que Mime s'est efforcé !
Combien le bon gnôme a peiné ! . . .
Marmot vagissant,
je t'élevai . . .

Siegfried

Je crois que déjà tu l'as dit.
Poursuis :
D'où vient mon nom de Siegfried ?

Mime

Au vœu de ta mère
il est conforme
et " Siegfried " a bien poussé
depuis . . .
J'ai chauffé de langes
l'enfant chétif . . .

Siegfried

Dis vite le nom de ma mère.

Mime

A peine il m'en souvient . . .
Mets et boisson
je t'ai fourni . . .

Siegfried
vivement.

Ce nom, tu vas me le dire !

Mime

L'aurais-je oublié ?   Attends !
Sieglinde était cette femme
qui t'a remis à mes soins . . .
Je t'ai mieux gardé
que ma propre peau . . .

Mime trouve la mère de Siegfried dans la forêt

Siegfried
plus pressant.

Or, parle !
Quel fut mon père ?

Mime
avec brusquerie.

Je ne l'ai vu jamais.

Siegfried

Mais ma mère
a dû te l'apprendre.

Mime

Tué en armes . . .
tel fut son récit . . .
Enfant sans père,
mes mains t'ont reçu,
et, lorsque vint l'âge,
je t'ai couvé,
dressant ton lit
pour un doux repos . . .

Siegfried

Trêve à ce chant
de geai bavard !
S'il faut vraiment te croire,
si tout est sans mensonge,
fais voir un gage sûr !

Mime

Où chercher d'autres preuves ?

Siegfried

J'en crois trop peu tes discours ;
j'en crois mes yeux seulement.
Quel gage montres-tu ?
[*Après une courte hésitation, Mime lui présente les
deux tronçons de l'épée brisée.*

Mime

C'est un don que j'eus de ta mère.
Mes peines, soins et veilles
eurent ce faible prix !
tu vois les tronçons d'un glaive.
Ton père, me disait-elle,
le portait au jour qu'il mourut.

15

SIEGFRIED

Des deux moitiés tu vas le refaire.
Que brille mon glaive vrai !
Prompt !   Hâte-toi, Mime !
Vite à la tâche !
Sage ouvrier, fais voir tes talents !
Laisse-moi là ces vils jouets.
Au glaive brisé vient mon espoir !
Toi, si tu muses,
manques la tâche
et mal rajustes
ce ferme acier,
trembleur, prends garde à ta peau
et gare à l'art du balai !
Car, dès ce jour,
Moi, je veux mon épée !
Du glaive je m'arme aujourd'hui !

Qu'en veux tu bien faire aujourd'hui ?

Hors des grands bois m'en aller
    loin,
sans jamais revenir.
Je me sens gai,
sans aucun joug,
délivré de liens !
Mon père n'est pas toi ;
tout l'espace m'appartient.
Ton seuil n'est pas le mien ;
Ton réduit m'abrite mal.
Le poisson fuit
dans les flots clairs ;
le pinson vole
aux buissons verts !
tel je m'enfuis,
tel je m'envole,
comme au loin, sur les bois,

SIEGFRIED

va l'ouragan ! . . .
Toi, Mime ! fini de te voir ! . . .
[Il s'élance dans la forêt.

𝕸ime
*au comble de
l'angoiſe.*

Reste ! Reste ! Reste !
Qu'as-tu ! Hé ! Siegfried, Siegfried !
Hé !
*[Il suit des yeux Siegfried qui s'éloigne. Puis, il
revient à la forge et s'aſſied derrière l'enclume.*

𝕸ime

Il court là-bas !
Je reste ici . . .
Mon vieux tourment,
d'autres l'accroissent.
De peines je suis comblé !
Que puis-je à présent ?
Comment le tenir ?
Mener le sauvage
Où Fafner gît ?

Comment mettre ensemble
ces traîtres aciers ?
Nulle ardeur de feu
n'aide à les joindre !
Nul marteau de nain
ne peut les réduire !
[Tout grinçant.
Du Niblung haineux l'âpre effort
s'use pour Nothung en vain.
[Se désespérant.
L'arme toujours reste en deux.
[Il s'affaiſe sur l'escabeau derrière l'enclume.

DEUXIEME SCÈNE

Le Voyageur (Wotan), venant de la forêt, s'arrête au seuil de la grotte. Il porte un manteau bleu sombre et tient dans sa main, pour bâton de voyage, une lance. Sur son front est un large chapeau rond, cachant en partie sa figure.

Le Voyageur

Salut, fin forgeur !
A l'hôte las des routes
donne accueil à ton foyer.

Mime
se dressant effaré.

Qui donc aux forêts sauvages me suit ?
Qui m'atteint au désert des bois ?

Le Voyageur
*très lentement et
se rapprochant
pas à pas.*

" L'Errant," tel on me nomme.
Long fut mon parcours.
Sur la terre au loin
je vais voyageant.

Mime

Voyage plus loin,
ne t'attarde ici,
toi qu'on nomme " l'Errant " !

Le Voyageur

Tous les bons chez eux m'accueillent.
Mille offrandes j'en reçois.
Malheur menace
qui mal agit.

Mime

Male chance habite avec moi :
Veux-tu la rendre encor pire ?

[Le Voyageur continue à se rapprocher de Mime avec lenteur.

Le Voyageur

Mainte chose j'apprends et vois ;
mainte chose aussi j'enseigne.
J'ôte aux hommes mainte angoisse,
âpre souci des cœurs.

Mime

Puisque tu vois et devines beaucoup,

je hais que l'on voie et devine.
Seul me veux-je et sans témoin.
Hors d'ici tout espion !

Le Voyageur
*s'approchant
encore un peu.*

Plus d'un pense
tout bien savoir
qui du danger seul
n'est pas instruit.
Tout l'utile,
s'il s'en informe,
c'est par moi qu'il l'apprend.

Mime
*toujours plus
inquiet à mesure
que se rapproche
le Voyageur.*

Vaine science !
Maints s'en vantent.
J'en sais tout juste à mon goût.
Mon savoir me va.
Pas trop n'en faut.
Toi, sage, vois ton chemin.

[Le Voyageur s'avance jusqu'au foyer et s'assied.

Le Voyageur

Je reste au foyer
et risque ma tête
pour prix au jeu du savoir.
Elle est à toi, remise en tes mains,
si, toi, tu n'apprends tout l'utile
par ma réponse à tes vœux.

*[Mime, qui a écouté le Voyageur la bouche ouverte,
ne peut retenir un mouvement d'effroi.*

Mime
à part.

Que faire qui trompe sa ruse ?
Je vais donc tendre des pièges ! . . .

[Il reprend son calme avec effort.—Haut.

Je prends ta tête pour enjeu :
donc, songe, et sauve ton gage !
Trois demandes sont à mon choix.

Le Voyageur

J'y fais trois réponses.

[Mime s'enfonce dans ses réflexions.

19

SIEGFRIED

Mime   Sans fin tu parcours
l'âpre dos terrestre,
foulant le monde en tout sens.
Or, parle et sois fin :
dis quelle race
vit au terrestre abîme ?

Le Voyageur   Au terrestre abîme
vivent les Nibelungen.
Nibelheim est leur lieu.
Noirs sont les Alfes ;
Noir-Alberich fut
leur seigneur autrefois.
D'un magique anneau
le rude pouvoir
mit sous sa loi tous ces nains.
L'or qui brille,
riche trésor,
œuvre des gnomes,
devait lui soumettre le monde.

Ensuite, demande, Nain.

Mime
absorbé dans ses
pensées.   Tout, Voyageur, t'est connu
de ce sombre nid profond.
Or, parle et sois prompt :
dis quelle race
hante le dos du monde ?

Le Voyageur   Sur le dos du monde
sont les géants monstrueux.
Riesenheim est leur lieu.
Fasolt et Fafner,
leurs rudes maîtres,
ont désiré saisir l'Or.
Le trésor tout-puissant,
ils l'ont obtenu,

et même ils prirent l'anneau.
Ce bien fatal
met la guerre entre eux
et Fasolt tombe.
Dragon hideux,
Fafner seul veille sur l'or.

La tierce énigme à présent.
> [*Mime est tout troublé et songeur.*

Mime

Tout, Voyageur, t'est connu
de ce dos abrupt du monde.
Or, parle et dis vrai :
dis quelle race
vit aux monts nuageux ?

Le Voyageur

Aux monts nuageux
seuls les dieux vivent.
Walhall est leur Burg.
Clairs sont ces Alben.
Clair-Alberich, Wotan
règne sur eux.
D'un rameau saint
du frêne du monde
Wotan fit un épieu.
Meure l'arbre,
cet épieu reste fort.
De par sa pointe
Wotan tient le monde !
Foi des traités, les fortes runes
sont dans son bois gravées.
Seigneur du monde est celui-là,
qui tient l'arme
que Wotan porte au poing.
Ce joug courbe
les Nibelungen noirs.

SIEGFRIED

L'orgueil des géants
cède à sa loi.
Tous à jamais le subissent,
l'épieu puissant du dieu !

[*Comme sans le vouloir, le Voyageur frappe le sol de
sa lance, un léger grondement de tonnerre retentit.
Mime sursaute d'effroi.*

Or, parle, nain rusé !
T'ai-je donné réponse ?
Mon gage demeure sauf !

[*Ayant considéré avec attention le Voyageur et sa
lance, Mime se sent accablé d'épouvante. Il
cherche à rassembler ses outils et jette de tous côtés
des regards terrifiés.*

Mime

Certes, ton gage est libéré ;
Donc passe, suis ton chemin.

Le Voyageur

Tu devais demander
ce qui t'importe,
toi, qui, pour gage, eus mon chef.
Que tu ne sais
rien qui te serve,
j'en prends pour gage le tien.
L'hôte ici fut mal reçu.
Ma tête ai-je voulu t'offrir
pour avoir place au foyer.
J'ai droit sur ta vie à mon tour
si tu ne sais répondre trois fois.
Donc ouvre-toi, Mime, l'esprit !

[*Mime hésite et tremble ; il finit par se résigner avec
angoisse.*

Mime

Bien loin est mon pays natal,
loin l'époque où je vins au monde.
De Wotan j'ai vu l'œil luire,
mon antre en fut éclairé.

Et le Dragon hideux, Fafner, veille seul sur l'or

<h1 style="text-align:center">SIEGFRIED</h1>

Cet œil trouble mon vieux savoir !
Mais, puisqu'il faut être subtil,
Hôte, fais tes questions !
Peut-être Mime qu'on force
pourra préserver son chef.

<table><tr><td>

Le Voyageur
*s'asseyant
commodément.*

</td><td>

Or, gnome loyal,
Songe à répondre !

Quelle race naquit
que Wotan livre aux peines
alors que son cœur l'aime le plus ?

</td></tr></table>

<table><tr><td>

Mime
se rassurant.

</td><td>

Telle race m'est peu connue ;
je puis, pourtant, me libérer.

Les Wælsungen sont la race élue,
de Wotan fille, et son cœur les aime
bien qu'il leur soit cruel
Siegmund et Sieglinde
viennent de Wælse,
en d'âpres peines
jumeaux unis.
Siegfried sort de leur sang,
le Wælsung fort entre tous !

Mon gage, Errant,
est-il préservé ?

</td></tr></table>

<table><tr><td>

Le Voyageur
*de bonne
humeur.*

</td><td>

Puisque tu sus
cette race nommer,
sage et fin je t'estime.
Pour cette fois
ton cas est bon.
A l'autre énigme réponds.

Un sage Niblung garde Siegfried
qui doit lui tuer Fafner

</td></tr></table>

SIEGFRIED

pour que l'anneau lui revienne
et qu'il s'empare de l'or.
Par quel glaive
peut Siegfried atteindre
Fafner, et voir sa mort ?

Mime
*perdant peu à peu
le sentiment de sa
situation présente
et se frottant les
mains de
contentement.*

Nothung est ce glaive envié.
Au tronc d'un frêne
il fut plongé par Wotan
et seul put le ceindre
qui sut l'ôter du bois.
Des plus robustes
nul n'y parvint.
Siegmund, le brave,
seul le prit,
mais ce glaive, au combat,
sur l'épieu divin s'est rompu.
Ses débris, un fin forgeron les tient,
qui sait bien
que, s'armant de l'auguste fer,
un brave et simple enfant,
Siegfried, tuera le monstre.

> *[Tout réjoui.*

Mon gage encor demeure-t-il sauf ?

Le Voyageur
riant.

Ha-ha ! Ha-ha ! . . .
Ton vif esprit
confondrait les plus sages !
Est-il un plus fin que toi ?
Mais si, par ta ruse,
l'enfant héroïque
des gnomes sert les intrigues,
la troisième énigme, songes-y bien !
Parle, savant forgeur d'épées :
qui doit des puissantes pièces
faire l'épée nouvelle ?

> *[Mime se lève, sous le coup d'un effroi indicible.*

Mime et le Voyageur

Mime
d'une voix aigre.

Les pièces !   L'épée !
Malheur !   Vertige !
Que faire ici ?
Comment savoir ?
Maudit acier !
Pourquoi l'ai-je encore ?
Ce fer m'a valu
des tourments sans fin.
Dur, obstiné,
il brave la forge !
Clous, soudures,
rien n'aboutit !

[*Il jette ses outils pêle-mêle et laiſse déborder son
désespoir.*

L'adroit forgeron
reste en défaut.
Qui peut le forger,
moi m'y perdant ?
Le grand secret, où l'apprendre ?

[*Le Voyageur s'eſt levé avec sérénité.*

Le Voyageur

Trois fois j'eus tes demandes ;
trois fois j'ai bien parlé.
D'anciennes choses tu t'enquis.
Ce qui de près sert ton plan,
tout l'utile, tu l'oublias.
Quand je l'indique,
tu perds l'esprit.
A moi ta tête
de gnome rusé.
Mais, fier vainqueur de Fafner,
sache, débile nain :
" Seul qui de crainte n'est instruit
peut forger l'Épée ! "

[*Mime regarde avec stupeur le Voyageur sur le
point de partir.*

SIEGFRIED

Ton sage front,
Veilles-y bien !
Je l'offre à celui-là
qui de crainte n'est instruit !

*[Le Voyageur se détourne en riant et disparaît
rapidement dans la forêt. Mime, comme écrasé,
s'affaisse sur son escabeau.*

TROISIÈME SCÈNE

*Mime regarde droit devant lui la forêt illuminée de soleil et,
soudain, se met à trembler convulsivement.*

𝕸ime

Clarté maudite !
Quel feu dans les airs ?
Qui saute, qui danse,
Voltige, bondit,
et flotte, et revient
et flambe à l'entour ?
Ça brille et vibre
au soleil ardent !
Qui souffle, frémit,
et ronfle au loin ?
Ca beugle et gronde
et crie par ici !
Ça court par le bois,
roule vers moi !

[Il sursaute d'anxiété.

La gueule effroyable
s'ouvre sur moi !
Le monstre m'attaque !
Fafner ! Fafner !

*[Il pousse un cri et s'affaisse derrière son enclume.
Siegfried sort de la forêt. Avant qu'il paraisse
son approche est annoncée par le bruit des branches
qu'il écarte.*

26

SIEGFRIED

<table>
<tr><td>Siegfried</td><td>Hé là !   Paresse !
L'œuvre est donc faite ?</td></tr>
</table>

Siegfried

Hé là !   Paresse !
L'œuvre est donc faite ?

> [*Siegfried entre dans la grotte.*

Vite, fais moi voir l'épée !

> [*Il s'arrête, surpris.*

Où est le vieux ?
s'est-il enfui ?
Hé-hé !   Mime !
Stupide !   Avance !
Où donc es-tu ?

Mime
*d'une faible voix,
derrière l'enclume.*

Est-ce toi, fils ?
Viens-tu tout seul ?

Siegfried
gaiement.

Contre l'enclume ?
Dis, que forges-tu là ?
Ai-je, enfin, mon épée ?

> [*Mime apparaît troublé, confus.*

Mime

L'épée ?   L'épée ?
Qu'y puis-je faire ?

> [*Presque à part.*

" Seul qui de crainte n'est instruit
peut forger l'Épée."
J'en sais trop long
pour pareil travail.

Siegfried
violemment.

Vas-tu répondre ?
Parle, ou j'avise.

Mime
comme plus haut.

Où prendre justes conseils ?
Ma sage tête fut mise en gage.

> [*Regardant fixement.*

Sa perte me livre à celui
" qui de crainte n'est instruit."

SIEGFRIED

Siegfried
impatienté.

Quelles fadaises !
Penses-tu fuir ?

Mime
*se refsaififsant
par degrés.*

Bien sûr, l'on fuit
qui sait la peur ;
Mais quoi !   C'est un savoir qu'il
   ignore.
En sot, j'oubliai mon seul vrai bien !
Lorsqu'à m'aimer, je l'exhorte
cela tourne hélas ! si mal !
Pourrai-je à la peur le plier ?

Siegfried
l'empoignant.

Hé !   T'aiderai-je ?
Ta tâche, voyons ?

Mime

De toi tourmenté,
je cherche et médite
pour t'enseigner chose grave.

Siegfried
en riant.

Et c'est sous ton siège que tu
   cherches !
Que trouves-tu là de si fort ?

Mime
*se rafsurant de
plus en plus.*

J'appris la crainte pour toi,
pour te l'apprendre, simple.

Siegfried
avec un tranquille étonnement.

Quelle est cette crainte ?

Mime

Sans rien en savoir,
tu veux, hors des bois,
courir par le monde ?
Que peut le plus ferme des glaives
si tu n'as crainte au cœur ?

Siegfried
impatienté.

Quels avis m'inventes-tu là ?

SIEGFRIED

Mime
*s'approchant de
Siegfried comme
pour une
confidence.*

De ta mère l'avis
c'est celui-là.
Moi, ma promesse
je la tiens toute.
Aux embûches de tous
je dois te soustraire
avant que tu saches la peur

Siegfried
vivement.

Si c'est un art,
que l'ai-je ignoré ?
Eh bien !   Qu'est donc cette crainte ?

Mime

N'as-tu senti
aux bois obscurs,
quand meurt le jour
aux noirs halliers
ce qui murmure,
souffle, vibre,
et, sinistre,
vient grondant ?
Folles flammes
sur toi volent ;
voix qui s'enflent
te font appel.—
> [*Tremblant.*

Lors n'as-tu pas senti
frémir en ton corps l'épouvante ;
d'âpres secousses
rompre tes membres ;
> [*D'une voix étouffée.*

dans ton sein
qui tremble, serré,
se fendre et battre ton cœur ?
Si tu ne l'as senti,
l'effroi te reste inconnu.

SIEGFRIED

Siegfried
réfléchissant.

Quel effet drôle
ça doit faire !
Ferme et fort
bat, tranquille, mon cœur.
Ce trouble qui presse,
ces affres ardentes,
flammes, vertiges,
fièvres et doutes,
j'ai désir de ces choses ;
d'elles j'attends vrai plaisir !
De toi puis-je, Mime, l'avoir ?
T'aurai-je, lâche, pour maître ?

Mime

Veuille venir,
je puis te guider :
Mime sut combiner.—
Je sais un cruel dragon,
nourri d'humaine chair.
Fafner va t'apprendre à craindre ;
viens avec moi jusqu'à lui.

Siegfried

Où donc se tient-il ?

Mime

Neidhöle, tel est le lieu,
à l'est, au fond de ce bois.

Siegfried

Est-il si proche du monde ?

Mime

De Neidhöl le monde est tout près.

Siegfried

C'est là qu'il faut me conduire.
Fait à la crainte, j'irai par le monde !
Donc, vite !   Forge mon glaive.
Sous le ciel qu'il étincelle !

Mime

Le glaive ?   Angoisse !

Siegfried

Vite à la forge !
Montre ton art !

Mime

Maudit acier !
Souder ses deux parts, pas moyen !
Rebelle, un charme
déçoit tout effort de nain.
Qui de crainte est exempt,
lui seul est maître du but !

Siegfried

Quelle feinte arrange ce fourbe !
Loin d'avouer qu'il n'est bon à rien,
il ment pour sortir d'embarras !
Donne les pièces !
Foin de ce drôle !

[Il vient près du foyer.

L'acier du père
doit m'obéir.
Je vais faire l'Épée !

*[Il jette en désordre les outils de Mime et s'apprête
pour le travail.*

Mime

Que n'as-tu mis à l'art tes soins !
Pour toi quel grand avantage !
Mais non, tu fus toujours paresseux :
Peux-tu t'attendre à bien faire ?

Siegfried

Où le maître se perd
que peut son élève,
s'il a toujours obéi ?

[Il lui fait un pied de nez.

Or ça, va-t'en !
Reste à l'écart—
Sans quoi tu vas choir dans l'âtre !

*[Il entasse le charbon dans la forge, anime le feu,
serre dans l'étau les deux tronçons de glaive et
commence à les réduire en poussière en les limant.*

Mime
*assis à l'écart et
regardant Sieg-
fried à sa tâche.*

Que grattes-tu là ?
Prends la soudure ;
l'étain est tout fondu.

SIEGFRIED

Siegfried	Laisse l'étain ! C'est peu pour moi. Sans colle on cuit les épées !
Mime	Tu détruis la lime, tu romps sa râpe. Tu crois que l'acier se lime ?
Siegfried	Je veux en poudre broyer les tronçons, qu'ils ne fassent plus qu'un seul fer !

[Il lime avec fureur.

Mime
à part.

Aucune adresse,
j'y vois bien clair :
sottise seule
seconde le sot.
Quel mouvement !
La forte ardeur !
Il use l'acier sans être lassé !

[Siegfried a excité le feu qui jette de vives lueurs.

Je suis aussi vieux
que bois et rocs
et n'ai rien vu de pareil !

*[Pendant que Siegfried continue à limer obstinément,
Mime s'assied encore plus loin, très à l'écart.*

Il arrive au but,
rien n'est plus sûr . . .
Sans peur va son travail.
L'Errant l'avait bien dit !
Comment sauver
ma pauvre tête ?
Au fier garçon elle échoit,
s'il n'est instruit de la peur !

*[Il se lève sous une croissante inquiétude et retombe en
abattement.*

Hélas ! moi pauvre !
Comment vaincra-t-il
si Fafner lui donne l'effroi ?
D'où prendrai-je, alors, l'anneau ?

Étau terrible !
J'y reste pris
si je n'ai quelque idée
pour dompter ce sans-peur à son
    tour !

[*Siegfried, ayant achevé de limer, verse la limaille
dans un creuset qu'il pose sur le brasier.*

Siegfried

Hé, Mime ! Allons !
Le nom du glaive
que j'ai réduit en limaille ?

Mime
*se rapprochant de
Siegfried et se
tournant vers lui.*

Nothung : tel est ce glaive rêvé.
C'est ta mère qui me l'a dit.

[*Tout en chantant le chant qui suit, Siegfried attise
la flamme à l'aide du soufflet.*

Nothung ! Nothung ! glaive rêvé !
Qui put jadis te rompre ?
J'ai mis en poudre
ton âpre éclat,
au feu je fonds ta poussière !
Ho-ho ! Ho-ho ! Ho-hai ! Ho-ho !
Souffle, soufflet ! Souffle le feu !
L'arbre au bois croissait puissant.
Son tronc sous mes coups tomba.
Du frêne brun j'ai fait du charbon ;
au foyer il gît en morceaux.
Ho-ho ! Ho-ho ! Ho-haï ! Ho-haï !
   Ho-ho !
Souffle, soufflet ! Souffle le feu !

SIEGFRIED

> Le bois du frêne,
> qu'il brûle fier !
> Qu'il flambe clair et beau !
> Un flot d'étincelles
> saute et jaillit.
> Ho-haï, Ho-ho, Ho-haï !
> Que fonde l'acier broyé !
> Ho-ho ! Ho-ho ! Ho-haï ! Ho-haï !
>   Ho-ho !
> Souffle, soufflet ! Souffle le feu !

Mime
à part, toujours
affis à diflance.

> Il forge son fer !
> C'est fait de Fafner !
> Je vois clairement ce qui vient.
> L'or, l'anneau seront son butin.
> Quel moyen peut me les livrer ?
> Rusé, subtil, je vais les prendre
> et vais sauver mon chef.

Siegfried
toujours au
soufflet.

> Ho-ho ! Ho-ho ! Ho-ho ! Ho-haï !—
>   Ho-haï !

Mime
à l'avant-scène, à
part.

> Las du terrible combat,
> il a soif, il prend ma boisson.
> De sûres plantes
> j'ai su l'extraire,
> cette boisson pour lui !
> D'une goutte il suffit qu'il s'abreuve :
> sans force il tombe en sommeil.
> Par son propre glaive,
> qu'il vient de se faire,
> prompt, j'en déblaie mon chemin.
> Je gagne l'anneau et l'or !

> *[Il se frotte les mains en signe de satisfaction.*

> Hé ! Sage **Voyageur**,
> suis-je si sot ?

Goûtes-tu, enfin,
mon beau savoir.
Ai-je bien trouvé le joint ?

Siegfried

Nothung ! Nothung ! Glaive rêvé !
Il fond, ton acier broyé !
Ta vraie sueur te baigne enfin !
*[Il coule le métal en fusion dans un moule qu'il tient
haut.*

Bientôt je vais te brandir !
*[Il plonge le moule dans un vase empli d'eau. Jets
de vapeur et sifflement du métal qui se refroidit.*

Dans cette eau je verse un flot de
  feu.
Rouge fureur siffle soudain !
Ardent, il coulait,
mais au froid de l'eau
cède son flux.
Plein, ferme et roidi
règne le dur acier ! . . .
Sang qui brûle,
doit l'inonder !
*[Il remet l'acier au feu et fait jouer le soufflet avec
force.*

Mollis dans le feu
afin qu'on te forge,
Nothung, glaive rêvé !
*[Mime bondit joyeusement, prend plusieurs vases dont
il mélange le contenu dans une marmite et cherche
à poser cette marmite sur le feu.—Sans interrompre
son travail, Siegfried observe sa manœuvre.*

Siegfried

Que fait le vieux balourd de ce pot ?
L'un fait l'acier, l'autre la soupe ?

Mime

J'ai honte, vain forgeur
qu'un simple apprenti confond.

35

SIEGFRIED

A son art le vieux renonce ici :
Il cuit des mets pour toi.
Si le garçon cuit l'acier,
le vieux lui chauffe
un bon petit plat.

Siegfried   Mime, l'artiste, fait des . . . soupes ;
la forge n'est plus son fait.
Tous ses glaives,
je les ai mis en pièces . . .
Ses brouets ne valent pas mieux.

*[Maintenant Siegfried enlève le moule du feu, le
brise et place l'acier incandescent sur l'enclume.*

La crainte, il veut que je la
connaisse :
Un monstre doit m'en instruire.
Ce qu'il sait de moins mal,
lui, mal me l'apprend.
Il gâche toujours ce qu'il touche !

[Tout en forgeant.

Ho-ho ! Ho-ho ! Ho-heï !
Forge, marteau,
un solide fer.
Ho-ho ! Ho-heï !—Ho-ho ! Ho-heï !
Le sang teignit
ton pâle bleu ;
ses rouges flots
jadis t'ont rougi.
Froide, lors, tu riais,
léchant sa tiède coulée !
Heï-aho ! Ho-ho ! Ho-heï !

Tu prends au feu
rougeur de feu
et ta souple trempe
au marteau mollit :

SIEGFRIED

Gronde et crache l'étincelle,
enrage d'être dompté !
Heï-ho-ho ! Heï-a-ho ! . . .

<table>
<tr><td>Mime
à part.</td><td>

Il forge son fer tranchant.
Fafner mourra, l'ennemi des nains.
Je brasse un philtre fort.
Siegfried périsse
dès Fafner mort !
Ma ruse doit triompher !
D'amples gains me sourient !

</td></tr>
</table>

[*Ici Mime verse le contenu de sa marmite dans une
bouteille.*

Siegfried

Ho-ho ! Ho-ho ! Ho-ho ! Ho-ho !
Forge, marteau,
un solide fer !
Ho-ho ! Ha-heï !—Ho-ho ! Ha-heï !
Tes jets d'étincelles
sont joie pour moi !
Au brave ardente colère sied :
gaie tu ris à mon gré
quoique grondant de fureur.
Heï-a ho ! ha-ho-ho-heï-a-ha !
Frappée au feu,
l'épée se fait.
Le fort marteau
étend le fer.
Assez de rougeur et d'émoi !
Deviens froide et dure à la fin !
Heï-a-ho ! Heï-a-ho ! Heia-ho-ho-
ho-ho-ho !

[*Il brandit l'épée et la plonge dans l'eau.*

Heï-ha !

[*Il rit au bruit de l'acier qui se refroidit.—Siegfried
ajuste la poignée du glaive. Pendant ce temps Mime
vient à l'avant-scène, sa bouteille à la main.*

SIEGFRIED

Mime

> De mon frère issu,
> l'anneau éclatant
> en qui, par un charme,
> gît tout pouvoir,
> ce clair joyau
> qui nous fait régner
> telle est ma conquête ;
> l'or est à moi.

[*Il se promène à petits pas, de plus en plus joyeux.
Siegfried travaille au petit marteau, lime et affile
la lame.*

Mime

> Alberich même
> qui m'a dompté,
> tremblant esclave,
> va me servir.
> Des Niblungs je vais être le prince !
> Seul maître je commande à tous !
> Le nain méprisé,
> qu'on va l'honorer !
> Pour l'amas de l'or
> brûlent dieux, héros.
> Mon moindre signe
> courbe le monde.
> Sous ma fureur,
> il tremble d'effroi.

[*Siegfried, frappant ses derniers coups, aplatit les
rivets de la garde et saisit l'épée.*

Siegfried

> Nothung ! Nothung !
> Glaive rêvé !
> Fort est ton fer
> repris en sa garde !

Mime

> Ainsi les maux
> de Mime s'en vont !

Siegfried forge Nothung

SIEGFRIED

<table>
<tr><td>𝖘𝖎𝖊𝖌𝖋𝖗𝖎𝖊𝖉</td><td>Glaive brisé,
entier te voici !
Nul coup ne doit
jamais te rompre !</td></tr>
<tr><td>𝕸𝖎𝖒𝖊</td><td>D'un autre il tient
l'éternel trésor !</td></tr>
<tr><td>𝖘𝖎𝖊𝖌𝖋𝖗𝖎𝖊𝖉</td><td>Au père expirant
l'acier faillit.
Le fils vivant
l'a reforgé.
Tu ris, en sa main luisant,
et ta lame tranche à coup sûr !</td></tr>
<tr><td>𝕸𝖎𝖒𝖊</td><td>Mime, le brave,
Mime règne,
chef des Alben,
maître de tout !</td></tr>
<tr><td>𝖘𝖎𝖊𝖌𝖋𝖗𝖎𝖊𝖉
brandissant
l'épée.</td><td>Nothung ! Nothung !
Glaive rêvé !
La vie en toi se réveille.
Fer mort, tu gisais rompu ;
Rayonne terrible, sacré !</td></tr>
<tr><td>𝕸𝖎𝖒𝖊</td><td>Hé ! Mime, quel maître succès !
Qui donc aurait cru cela ?</td></tr>
<tr><td>𝖘𝖎𝖊𝖌𝖋𝖗𝖎𝖊𝖉</td><td>Montre aux infâmes
tous tes éclairs !
Frappe le traître,
tue l'imposteur !
[A Mime.</td></tr>
</table>

SIEGFRIED

Vois, Mime, forgeron :

[Il lève haut l'épée.

Tel doit frapper mon fer !

*[Il frappe l'enclume qui se brise en deux et dont les
deux parties se détachent bruyamment. Mime,
rêvant sur son escabeau, tombe assis à terre en
proie à la terreur.—Siegfried brandit joyeusement
l'épée au-dessus de sa tête. Rideau.*

ACTE II

*La profondeur de la forêt.—Tout au fond s'ouvre une caverne. Le sol monte
jusqu'au milieu de la scène, coupé par une petite plate-forme. Au
delà, il l'abaisse en reculée vers la caverne, si bien que le spectateur
ne voit de celle-ci que la partie supérieure de l'orifice. A gauche, à
travers les arbres, on discerne un rocher crevaßé. Nuit épaiße,
plus noire encore au dernier plan, où l'on ne peut, d'abord, rien
distinguer.*

PREMIÈRE SCÈNE

*Alberich, appuyé au rocher crevaßé, eſt aſſis, enfoncé en de
sombres réflexions.*

Alberich

Au bois, la nuit,
sur Neidhöl, là, je veille,
Prêtant l'oreille,
loin scrutant des yeux.
Triste jour,
Nais-tu déjà ?
Est-ce bien toi
qui de l'ombre sors ?

*[Du côté droit de la forêt s'élève un vent de tempête
qu'accompagne auſſitôt un éclat bleuâtre.*

Quel éclat brille là-bas ?
Prompt s'approche
l'embrasement.
Il court, fantastique coursier,
saute aux halliers,

fonce sur moi.
Est-ce le tueur de monstres
qui contre Fafner vient ?

[*Le vent s'apaise, l'éclat s'évanouit.*

Le feu s'enfuit.
L'éclat cesse aux regards.
Nuit encore.
Qui vient et brille dans l'ombre ?

[*Le Voyageur sort de la forêt et s'arrête en face
d'Alberich.*

Le Voyageur

Vers Neidhöl !
je vais dans la nuit.
Qui se cache au plus noir là-bas ?

[*Comme par une brusque déchirure de nuage, la
lumière de la lune jaillit et éclaire le Voyageur.
Alberich le reconnaît et recule d'effroi.*

Alberich

C'est toi—qu'ici je vois ?

[*Éclatant de fureur.*

Qu'y cherches-tu ?
Pars, va-t'en loin !
Arrière, honteux forban !

Le Voyageur
calme.

Noir Alberich,
toi rôdant !
Gardes-tu Fafner là ?

Alberich

Rêves-tu d'autres
actes félons ?
Point de retard !
Gagne le large !
Assez de fourbe
inonde ce lieu de malheur.
Donc, infâme,
Va ton chemin !

Le Voyageur

J'observe, j'erre
et je songe
Qui peut arrêter mes pas ?

Alberich
avec un rire
moqueur.

Haineux, tout aux intrigues,
tu voudrais me voir
ma sottise ancienne
quand tu me pris en piège.
                    [*Avec fureur.*
Sans peine ainsi
de l'anneau tu serais le maître.
Tout beau ! Car ton art
m'est bien connu,
mais ta faiblesse
m'est aussi sans mystère.
Quand ma richesse
vint à tes dettes,
l'anneau fut
aux géants donné,
pour prix du burg qu'ils t'ont fait.
Tu te lias jadis
par un pacte :
tes Runes sont gravées
sur l'épieu partout souverain.
Tu n'as droit
de reprendre aux géants
cet or, paiement de leur tâche.
Toi-même, alors,
violerais ta loi
et, dans ta main,
l'épieu sans rival,
en pièces soudain volerait.

Le Voyageur

De ses pactes saints les runes
n'ont point fait taire
ton cœur.

SIEGFRIED

Il t'a courbé sous sa vigueur.
Pour vaincre il reste en ma main.

Alberich

D'un fier défi
m'affronte ta force,
mais comme en ton cœur tu frémis !
Voué à la mort,
par moi maudit
est de l'or le maître.—
A qui l'héritage ?
L'enviable trésor
le Niblung va-t-il le reprendre ?
Tel l'âpre souci te ronge.
Car si je le tiens,
encor sous mon poing,
mieux qu'un géant inepte
dois-je par l'anneau régner.
Donc tremble le maître
céleste des braves !
Vers le Walhall
montent les forts de Hell.
Le monde est à moi seul !

Le Voyageur
calme.

Ton dessein m'est connu,
mais point n'ai-je peur.
De l'or est maître
qui le conquiert.

Alberich

Langage trouble
où, pourtant, je vois clair !
Au jeune Wælsung
va ton espoir,
en qui ton vieux sang refleurit.

[D'une croissante violence.

Comptes-tu pas qu'un jeune homme
pour toi du fruit s'empare
à toi seul défendu ?

Le Voyageur

Pour moi, non.
Veille sur Mime.
Ton frère fait ton péril.
Un garçon qui vient avec lui
à Fafner sera fatal.
Lui ne sait rien de moi,
Le Niblung veut s'en servir.
Comprends-moi donc, l'ami :
Fais ton œuvre à ton gré.

> [*Alberich fait un gefte de vive curiofité.*

Ouvre les yeux,
garde-toi bien !
L'enfant ignore l'anneau,
mais Mime guide l'enfant.

Alberich
avec vivacité.

Et ta main reste loin de l'or ?

Le Voyageur

Qui m'agrée
libre accomplit son œuvre.
Vainqueur ou vaincu,
son roi, c'est lui.
Tels héros seuls me secondent.

Alberich

A Mime seul
je dispute l'anneau ?

Le Voyageur

Hormis toi, lui seul
recherche cet or.

Alberich

Doit-il cependant m'échapper ?

Le Voyageur

Un brave vient
sauver le trésor.
Deux Niblungs aspirent à l'or.
Fafner meurt
sur l'anneau veillant.
Qui le prend en reste maître.

T'en faut-il plus ?
Le monstre est là.

[*Il se tourne vers la caverne.*

Mis en garde de mort,
vois s'il renonce à l'anneau !
Moi-même veux l'éveiller.

[*Il se place sur un roc, devant l'antre, et appelle.*

Fafner ! Fafner !
Écoute, monstre !

Alberich
*avec un étonnement
attentif, à part.*

Est-ce en lui démence ?
Ou bienveillance ?

[*Du fond de la caverne on entend la voix de Fafner,
à travers un porte-voix.*

Fafner

Qui rompt mon repos ?

Le Voyageur
*tourné vers
l'antre.*

Quelqu'un vient te dire
sombres nouvelles.
Il peut sauver ta vie
si tu lui veux donner
les richesses que tu gardes.

Fafner

Que veut-il ?

[*Alberich a rejoint le Voyageur et crie vers l'antre.*

Alberich

Vite, Fafner !
Vite, dragon !
Un fort héros me suit
qui vise tes jours sacrés.

Fafner

J'ai faim de lui.

Le Voyageur

Fier est l'enfant, et fort.
Net tranche son fer.

Alberich

Le clair anneau
seul est son but.

Livre-le-moi pour prix,
j'empêche l'assaut ;
tu gardes tout l'or
et vis heureux longtemps.

Fafner

Je dors et je tiens.—
                    [*Bâillant.*
Qu'on me laisse !

Le Voyageur
éclatant de rire.

Vois, Alberich ! Effort vain !
A moi ne t'en prends pas.
De cette règle
fais ton profit :
          [*S'approchant de lui comme pour une confidence.*
Toute chose suit sa loi :
Ces lois, nul ne les change.
Je quitte la place ;
Restes-y bien.
Raisonne Mime, ton frère.
Ta ruse le peut mieux convaincre.
                              [*S'apprêtant à partir.*
Le reste, enfin,
toi-même apprends-le.
[*Le Voyageur s'enfonce rapidement dans la forêt. Un
vent violent s'élève et une vive lumière brille ;
mais, presque aussitôt, tout a disparu.*

Alberich
*après avoir
longtemps suivi
le Voyageur d'un
regard irrité.*

Il presse, là-bas,
son clair coursier,
et moi, tourmenté, j'ai peur.
Or, vous, riez,
parmi vos plaisirs,
ô folles
puissances divines !
Dieux, tous,
Vous mourrez sous mes yeux.
Aussi longtemps que l'or luira,

moi, je sais et j'attends !
Ruine vous vient par moi !

*[Alberich se cache de côté, dans une anfractuosité du
roc. La scène reste vide. Le crépuscule du matin
commence.*

DEUXIÈME SCÈNE

*Au jour naissant paraissent Mime et Siegfried. Siegfried porte l'épée pendue à
une ceinture de corde. Mime inspecte le site en détail et se dirige,
enfin, vers le fond, toujours noyé de ténèbres, tandis que le soleil fait
de plus en plus étinceler la roche qui masque l'entrée de la grotte.*

𝔐ime
*revenant vers
Siegfried.*

Voici la place
Reste là.

𝔖iegfried
*en s'allongeant
sous un grand
tilleul.*

Là dois-je apprendre à craindre ?
Loin m'as-tu fait te suivre ;
dans les bois, la nuit entière
nous fîmes route tous deux.
C'est l'heure, Mime, au large !
Si je n'apprends
en ce lieu la peur,
alors, seul je m'éloigne,
libre de toi désormais !

𝔐ime

Sois tranquille.
Si ton cœur
n'apprend la crainte ici,
en d'autres lieux,
en d'autres temps,
rien n'en dois-tu savoir.
Vois, là-bas,
cet antre noir, béant,
là se tient
un monstre à faire horreur
rage effroyable,

masse sans nom.
Sa gueule est un gouffre
énorme et hideux.
Ton corps entier
en un seul coup,
le monstre peut t'engloutir.

Siegfried
assis sous le tilleul.

Il sied qu'on ferme sa gueule.
J'éviterai donc d'être pris.

Mime

Crains sa bave,
poison dévorant.
Si du venin il peut t'inonder,
c'est fait de ta chair jusqu'aux os.

Siegfried

Esquivant la bave brûlante,
j'offre la lutte de flanc.

Mime

La longue queue
traîne et se tord.
De qui en est atteint
et bien étreint
se brisent les os en éclats.

Siegfried

De sa queue je trompe l'approche ;
point ne le quittent mes yeux.
Pourtant, réponds-moi :
n'a-t-il pas un cœur ?

Mime

Un cœur cruel, sans pitié.

Siegfried

Ce cœur est-il
où les êtres l'ont,
tous, ou bêtes ou gens ?

Mime

Mais oui, Siegfried,
il l'a tout comme eux.
Eh bien ! Te prend-elle, la peur ?

SIEGFRIED

<table>
<tr><td>Siegfried
se relevant
vivement
d'allongé qu'il
était sous le
tilleul.</td><td>Nothung va s'enfoncer
dans ce cœur.
C'est-il de la peur l'indice ?
Hé ! Vieux gnome,
de ta ruse
que puis-je encore apprendre ici ?
Va ton chemin bien vite.
La crainte point ne saurai</td></tr>
<tr><td>Mime</td><td>Sois moins pressé.
Pour toi le monstre
n'est qu'une histoire en l'air.
Lui-même, là,
bientôt le voyant,
pour sûr, tu vas perdre l'esprit.
Ton regard s'éteint ;
ta jambe fléchit ;
l'angoisse horrible
au cœur t'étreint.</td></tr>
</table>

[*D'un ton paterne.*

Soudain, tu penses à Mime,
ton guide, qui t'aime tant.

<table>
<tr><td>Siegfried
avec un sursaut
de colère.</td><td>Défense qu'on m'aime !
N'est-ce donc clair ?
Loin de mes yeux va-t'en ;
laisse-moi seul.
Colère me gonfle le cœur
lorsque tendresse te prend !
Tes laides grimaces,
tes yeux qui clignent,
quand dois-je en être délivré ?</td></tr>
</table>

[*Impatiemment.*

Quand dois-je être quitte de toi ?

<table>
<tr><td>Mime</td><td>Je veux partir.
Je vais là, près de l'eau.</td></tr>
</table>

SIEGFRIED

Reste en ce lieu.
Quand le soleil montera,
veille au dragon.
Hors de l'antre Fafner viendra
pour boire à cette source.

Siegfried
riant.

Mime, si tu es là,
j'y veux laisser aller le monstre.
Nothung va
n'entamer son échine
sans que toi même
il ait pu te boire.
Aussi, suis mon conseil :
Fuis au plus loin cette eau.
Reste aussi loin
que tu pourras—
et va-t'en pour toujours.

Mime

Après tel combat
soif nous échauffe.
Laisse qu'on t'offre à boire.
Crie et j'accours
pour t'être utile
ou si tu sens la peur te saisir.

    [Siegfried le congédie d'un geste brusque.

Mime
*à part, en
s'éloignant.*

Fafner et Siegfried,
Siegfried et Fafner,
oh ! qu'ils s'égorgent tous deux !

    [Il disparaît à droite dans la forêt.

Siegfried
*seul. Il s'étend
de nouveau sous le
grand tilleul.*

N'avoir pour père ce nain,
combien j'en suis donc joyeux !
C'est à présent que le bois me plaît
où sourit l'allégresse du jour,

SIEGFRIED

puisque l'être hideux m'a fui
pour ne plus revenir jamais !

Comment mon père était-il ?
Ah ! Bien sûr, comme moi.
Or, s'il naît de Mime un fils,
Doit-il pas être
Mime même,
juste aussi blême
gris et vilain,
grêle et tors,
jambe qui boite,
pendantes oreilles,
rouges paupières ?
Quel cauchemar !
Enfin, ne plus le voir !

Mais ma mère
Comment la rêver ?
Ça, rien
ne m'en donne l'idée !—
Les biches, je crois,
doivent avoir
ses yeux clairs et limpides,
mais bien moins tendres . . .
Naissant, j'ai fait sa peine.
Pourquoi donc sa mort aussi ?
Est-ce qu'ainsi les mères
à nos naissances
meurent toujours ?
Triste ce serait, oui !
Ah ! voir ma mère,
ma mère aimée !

SIEGFRIED

Voir ma mère
humaine épouse !

*[Il soupire et se renverse plus encore que précédemment.
—Grand silence.—Les murmures de la forêt
s'accroifsent. Siegfried finit par fixer son attention
sur le chant des oiseaux. Il écoute avec un
grandifsant intérêt un oiseau qui chante dans les
branches, au-defsus de sa tête.*

Siegfried

Oiseau que j'aime,
ton chant m'est nouveau ;
es-tu chez toi dans ce bois ?—

Ah ! si je pouvais comprendre !
Bien sûr, il m'a parlé . . .
qui sait ? . . . de ma douce mère ?
Un gnome hargneux
m'a raconté
qu'au frais langage
des oisillons
on se peut reconnaître.
Est-ce possible, vrai ?

*[Il réfléchit. Son regard tombe sur une touffe de
roseaux près du tilleul.*

Hé ! tentons-le !
Par mon chant
au pipeau si je l'imite,
laissant les paroles,
tout à l'air même,
Si je chante sa langue,
du coup, je saurai ce qu'il dit.

*[Il court vers la source, coupe un roseau à l'aide de
son épée et en fait un pipeau.—Écoutant.*

Il cesse, il guette :
eh bien, parlons-lui !

*[Il souffle dans sa flûte de roseau qui rend un son
aigre et faux. Il s'arrête, retaille le roseau et
s'efforce de mieux faire. Il secoue la tête, efsaye de*

*perfectionner encore son œuvre, souffle de nouveau,
s'ingénie. Impatient, il serre le pipeau dans ses
mains, recommence à souffler. La flûte rend un
son toujours aigre, Siegfried s'interrompt en riant.*

Ça sonne mal.
Au roseau grossier
la douce chanson ne va pas !

Oiseau, vois-tu,
je reste sot ;
ton art est malaisé !
J'ai honte, vraiment,
de le voir ainsi qui m'écoute.
Il guette et ne peut comprendre.

                        [Jetant le pipeau loin de lui.

Hei da ! Entends
ce chant de mon cor.
Le niais roseau
m'a servi trop mal.
Une fanfare
comme j'en sais,
joyeuse, te doit bien mieux plaire.
Ainsi j'appelais
un bon compagnon,
mais seuls parurent
des loups, des ours . . .
Or, aujourd'hui,
Voyons qui viendra,
si c'est qui j'espère,—l'ami ?

*[Il a pris son cor d'argent à sa ceinture et lance une
fanfare.—En sonnant du cor, Siegfried considère
l'oiseau avec bon espoir.—Mouvement au fond de
la scène. Fafner, sous l'aspect d'un colossal saurien,
a quitté sa place dans l'antre. Il traverse les
buissons et monte en se traînant vers la plate-forme
où tout l'avant de son corps paraît déjà. Il pousse
un formidable bâillement.—Siegfried se retourne,
regarde Fafner avec surprise et rit.*

SIEGFRIED

Siegfried Ah ! Ah ! Mon chant m'a valu
quelque chose d'aimable !
Tu fais un joli compagnon.

Fafner Qu'est-ce là ?
qui s'est arrêté à la vue de Siegfried.

Siegfried Hé ! puisqu'étant bête
tu sais parler,
peut-être vas-tu m'instruire ?
Quelqu'un ignore
ici la peur.
Peut-il de toi l'apprendre ?

Fafner As-tu trop d'ardeur ?

Siegfried Trop ou bien juste assez,
qu'en sais-je ?
Mais toi, gare à ta panse
ou me révèle la peur.

Fafner Boire allais-je ;
avec un rire. on m'offre à manger.
[*Il ouvre sa gueule et montre ses dents.*

Siegfried Quelle gueule coquette
montres-tu là ?
Une mâchoire
friande y rit !
Il sied qu'on te bouche le mufle.
Ton gouffre s'ouvre un peu trop.

Fafner Paroles vaines
mal y vont,
mais large place
t'y attend.
[*Il menace avec sa queue.*

SIEGFRIED

<table>
<tr><td>Siegfried</td><td>

Ho ! Ho ! Sauvage
et laid compagnon,
calmer ta faim
n'a rien qui m'aille.
Sage et bien vu, je crois
que tu crèves, là, sans délai.
</td></tr>
<tr><td>

Fafner
rugissant.
</td><td>

Prouh ! . . . Viens,
jeune vantard !
</td></tr>
<tr><td>

Siegfried
l'épée à la main.
</td><td>

A toi, monstre.
Vantard te joint.
</td></tr>
</table>

[*Siegfried s'avance vers Fafner et se met en défense. Fafner achève de se traîner sur la plate-forme et lance son venin contre Siegfried. Celui-ci l'évite en se jetant de côté et se rapproche. Fafner ramène sa queue en avant pour l'atteindre, mais le jeune homme bondit par-dessus le corps du dragon et lui porte un coup d'épée. Fafner rugit, retire violemment sa queue et se dresse sur son séant pour écraser Siegfried de tout son poids. En son mouvement de côté, il découvre sa poitrine. Siegfried reconnaît la place du cœur et y plonge son épée jusqu'à la garde. Fafner se dresse, de douleur, encore plus haut et s'abat sur sa blessure, où le fer est resté planté, tandis que Siegfried, abandonnant l'arme, s'écarte d'un bond.**

<table>
<tr><td>Siegfried</td><td>

Voilà, monstre haineux !
Nothung t'ouvre le ventre.
</td></tr>
<tr><td>

Fafner
d'une voix affaiblie.
</td><td>

Quel es-tu, jeune brave ;
qui perças mon cœur ?
Qui donc excita l'enfant
</td></tr>
</table>

* *La machine représentant le dragon a été portée, pendant le combat, plus près de l'avant-scène. Une nouvelle trappe a été ouverte pour que l'interprète du rôle puisse chanter dans un porte-voix moins grand que le premier.*

Siegfried enfonce Nothung dans la gorge de Fafner

à l'exploit meurtrier ?
Ton front n'a pas conçu
ce que tu fis.

Siegfried

Je sais peu de chose,
pas même qui je suis.
A ta mort par le glaive
tu m'as toi-même incité.

Fafner

Enfant dont l'œil rayonne,
Cœur très ingénu,
de ta victime
sache tout . . .

Les rudes rois des géants,
Fasolt et Fafner,
les frères, tous les deux gisent.
Pour un or maudit
livré par les dieux
Fasolt est mort par moi.
Gardien de l'or,
dragon farouche,
Fafner, dernier de sa race,
cède au héros fleurissant.
Garde-toi bien,
fleur de jeunesse,
car cet autre qui t'excita,
c'est lui qui médite ta mort.
                    [*Mourant.*
Vois l'issue.
Songe à moi !

Siegfried

Quelle est ma race,
dis-le moi donc !
Bête, la mort
t'emplit de sagesse.
Sache comme on me nomme :
Siegfried—tel est mon nom.

SIEGFRIED

Fafner

Siegfried ! . . .

[Il se soulève et retombe mort.

Siegfried

Un mort ne peut rien dire.
Protège-moi donc,
mon glaive vivant !

[En mourant, Fafner a roulé sur le flanc. Siegfried arrache l'épée de sa poitrine. Un peu de sang tombe sur sa main qu'il retire vivement.

Ça brûle comme du feu !

[Siegfried porte involontairement le doigt à sa bouche pour enlever le sang. Comme il regarde autour de lui, songeur, tout à coup le chant de l'oiseau le frappe encore.

Vrai, je croirais
ouïr les oiseaux me parler.
Est-ce d'avoir
goûté de ce sang ?
Le bel oiseau, là-haut,
chut ! que me dit-il ?

**La Voix d'un
Oiseau de la
Forêt**
*dans les branches
du tilleul.*

Hei ! Siegfried possède
à présent le trésor.
Oh ! Si, dans cet antre,
il découvre l'or !
S'il y veut ravir le heaume
propice aux exploits enivrants
et si de l'anneau il s'empare
qui doit lui donner l'univers ! . . .

Siegfried
*retenant son
souffle, d'un accent
de douce émotion.*

Oh ! cher oiseau,
du conseil merci.
Certes, j'y obéis.

[Il descend dans l'antre, où il disparaît tout à fait.

Ce sang brûle comme du feu

TROISIÈME SCÈNE

Alberich

> Où donc glisses-tu,
> si pressé,
> drôle mauvais ?

Mime

> Avide frère,
> Maudit sois-tu !
> Que cherches-tu ?

Alberich

> Penses-tu, gars,
> ravir mon or ?
> Tu guettes mon bien ?

Mime

> Fuis de la place.
> L'endroit est à moi.
> Que restes-tu là ?

Alberich

> Oui, je viens mal,
> muet artisan,
> pour ton larcin !

Mime

> Ce que me vaut
> un long effort,
> seul je le garde.

Alberich

> As-tu pris l'or
> au Rhin pour faire l'anneau ?
> Du charme tenace
> as-tu chargé son métal ?

Mime

> Qui fit ce heaume
> par qui l'on est changé ?
> L'utile objet
> ton esprit l'a-t-il conçu ?

SIEGFRIED

Alberich

Qu'eût donc ta bêtise
sans secours pu bien produire ?
L'anneau puissant
mit sous ma loi l'art du nain.

Mime

Où donc est l'anneau !
Facile aux géants fut la prise !
Tu l'as perdu,
mais ma ruse espère l'avoir.

Alberich

Sur l'exploit d'autrui,
ainsi, ladre ; tu comptes ?
Le profit ne t'est dû,
gagné par ce fier enfant.

Mime

Je l'ai nourri.
De mes soins n'est-ce le prix ?
Depuis longtemps
j'attends le paiement que je veux.

Alberich

Pour l'avoir nourri
cet avare,
ce triple valet
sans pudeur
se croit roi maintenant !
Au chien le plus laid,
certes, l'anneau
siérait mieux qu'à toi.
Drôle, à ton doigt
jamais ne luira son or !

Mime
*se grattant la
tête.*

Qu'il soit donc tien :
conserve-le
ce clair joyau.
Sois le chef,
mais, moi, nomme-moi : Frère !
Que mon seul tarnhelm,

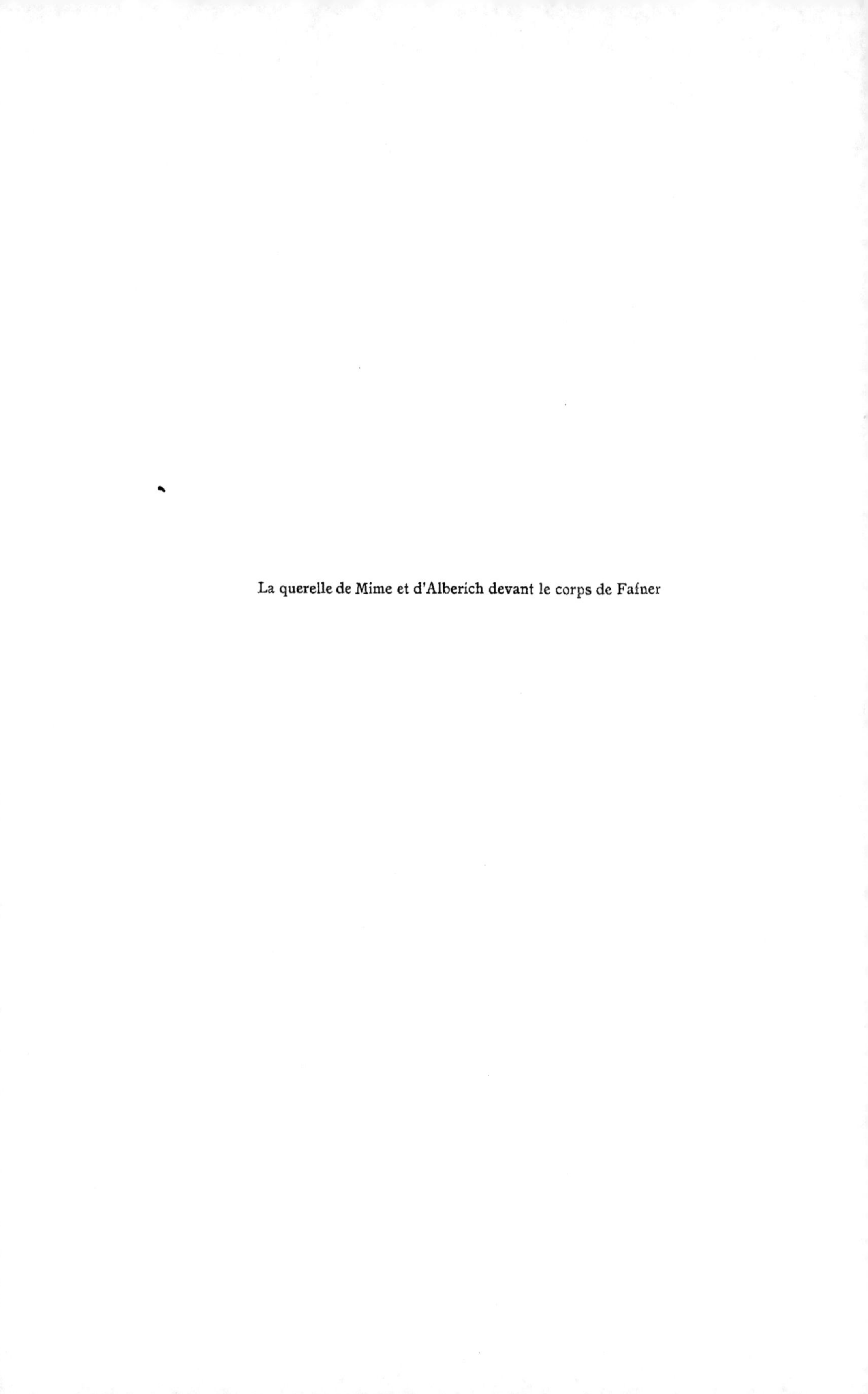

La querelle de Mime et d'Alberich devant le corps de Fafner

jouet plaisant,
fasse mon lot.
Et quoi de mieux ?
Nous partageons le butin
        [*Mime se frotte les mains avec confiance.*

Alberich
sardonique.

Moi, partager ?
Et ce heaume ? oui, dà !
Quel fin renard !
Mon sommeil jamais
ne serait paisible !

Mime
hors de lui.

Quoi ! ni échange,
ni partage ?
Vides mes mains ?
Pas un profit ?
                [*Glapissant.*
Pour moi rien que tu laisses ?

Alberich

Rien au monde !
Pas un clou même.
qui te revienne !

Mime

Sur anneau ni tarnhelm,
lors, plus ne compte ;
tout reste mon bien !
Contre toi j'appelle
Siegfried à l'aide
et son glaive fort !
L'ardent héros
va fondre, frère, sur toi !
            [*Siegfried paraît au fond de la scène.*

Alberich

Tourne les yeux !
Hors de l'antre vois-le venir.

Mime

Quel jeu d'enfant
put-il bien choisir ?

SIEGFRIED

Alberich	Il a le heaume.
Mime	Oui—et l'anneau.
Alberich	Malheur ! L'anneau !
Mime *très ironique.*	Compte qu'il va te le rendre ! Moi j'en ferai la conquête.

[Il s'échappe dans la forêt.

Alberich

Pourtant il faudra
qu'à son vrai maître il retombe.

[Il s'enfonce dans la crevasse.
*[Siegfried, sur ces entrefaites, rêveur et lent, est sorti
de la caverne, tenant dans ses mains le tarnhelm
(heaume magique) et l'anneau. Il considère sa prise
en réfléchissant et s'arrête sur la plate-forme.*

Siegfried

Que valez-vous ?
Je ne sais.
Je vous ai pris,
cependant, au tas de l'or.
Un bon conseil m'y poussa.
Qu'au moins votre éclat
de ce jour témoigne.
Soyez les garants
que je fus de Fafner vainqueur,
mais qu'à craindre point n'ai-je
appris.

*[Il fixe le tarnhelm à sa ceinture et passe l'anneau à
son doigt. Silence. Murmure croissant de la
forêt. D'instinct, Siegfried cherche du regard
l'oiseau et l'écoute en retenant son souffle.*

**La Voix de
l'Oiseau de la
Forêt**
*dans les branches
du tilleul.*

Hé ! Siegfried possède
le heaume et l'anneau !
Ah ! qu'il craigne Mime,
le gnome pervers !
Fausse sonne la voix

sur les lèvres du fourbe flatteur :
mais il peut saisir
ce que Mime lui veut.
Tel don vient du sang du dragon.

*[L'air et les geftes de Siegfried montrent qu'il a tout
bien compris.   Il voit venir Mime et refte appuyé
sur son épée, observant en silence.   Il ne quitte pas
sa place jusqu'à la fin de la scène suivante.*

*[Mime s'avance comme en rampant et surveille
Siegfried de l'avant-scène.*

Mime

Il songe et soupèse
son butin.—
Est-ce bien que l'Errant trop sage
vint par ici
séduire l'enfant
d'obscurs et louches dits ?
Deux fois fin
soit donc le nain !
Les pièges habiles
sont disposés.
Par de flatteuses paroles
vite je leurre l'enfant orgueilleux.

*[Il s'approche de Siegfried et le salue en geftes
careffants.*

Louange, Siegfried !
Dis, ô brave :
Fafner t'apprit la frayeur ?

Siegfried

Nul maître ne me l'apprit.

Mime

Mais l'affreux dragon
l'as-tu mis par terre ?
Hé, quel plus sinistre gaillard ?

Siegfried

Si rude et fauve qu'il fût
Sa mort me fâche un peu,
car maint drôle bien pire

SIEGFRIED

vit encore à cette heure.
Qui me le fit tuer
me fait horreur plus que lui !

Mime
très affectueuse-
ment.

Sois calme ! Bientôt
plus rien entre nous.
Sommeil sans fin
aura par moi fermé tes yeux.

[Sur le ton de l'éloge.

Tu fis ton office
fort à mon gré ;
Il faut qu'à présent
ta prise me soit acquise ;
c'est clair, je dois tout te prendre ;
à tromper tu es trop aisé.

Siegfried

Tu cherches donc à me nuire ?

Mime
surpris.

Quoi ! Ai-je dit ça ?

[Toujours mielleux.

Siegfried, viens ici, mon cher enfant !
Ton être et tes instincts
ont toujours eu ma haine ;
Tendresse ne t'a point
bercé dans mes bras.
Trésor gardé par le dragon,
c'est l'or qui fut mon seul souci.
Tu ne veux
m'en faire don franchement :

[Comme s'il était prêt à donner sa vie pour lui.

Siegfried, mon fils,
toi-même le vois,
ton meurtre m'est nécessaire.

Siegfried

Tu me détestes !
Eh ! tant mieux.

SIEGFRIED

Mais c'est la vie que tu veux me
prendre ?

Mime
agacé.

Disais-je cela ?
Comme mal tu m'entends !

> [*Il tire sa bouteille.*

Vois, tu es las
d'un si grand effort.
Rouge et fumant est ton corps ;
Pour te remettre
Voici la boisson
par moi brassée avec soin.
Nous faisions toi, l'acier,
et moi, l'hydromel.
Bois, maintenant,
et j'aurai ton brave fer,
avec le heaume et l'or.
Hi ! Hi ! Hi ! Hi ! Hi ! Hi !

Siegfried

Tu veux mon épée
avec ma conquête.
Or et tarnhelm te tentent ?

Mime
vivement.

Mais comme mal tu m'entends !
Suis-je bègue ou bien fol ?
Ah ! quelle peine
ai-je, céans,
sur ma vraie pensée
pour mettre un voile :
et toi, sot garçon, tu fausses
tous mes propos !

> [*D'un ton très amical obtenu à grand'peine.*

Ouvre l'oreille !
Rends-toi compte mieux !
Sache quel est mon but.
Voyons, bois-moi cela vite !

65   I

SIEGFRIED

Tu bus ainsi souvent.
Ton humeur dure
boude toujours
à mon présent.
Tu cries—
puis tu veux boire.

Un breuvage frais,
quoi de mieux ?
Comment fis-tu celui-ci ?

*gaiement, comme
s'il peignait à
Siegfried
d'heureux effets
qu'il peut attendre
du breuvage.*

Hé ! Avale,
Crois en mon art !
En nuit et brume
laisse tes yeux s'obscurcir ;
Languissants, inertes,
lourds, plieront tes membres.
Toi gisant là,
sus ! j'ai ta conquête
et je la cache.
Mais, l'éveil survenant,
où pourrais-je fuir devant toi,
même ayant ton anneau ?
Donc cette épée
au tranchant si fin
te coupera
le cou d'abord.
Puis, je suis en paix : à moi l'anneau.
Hi ! Hi ! Hi ! Hi ! Hi ! Hi ! Hi ! Hi !

Dormant, tu veux, toi, m'occire ?

furieux.

Voudrais-je ? Ai-je dit ça ?

*[Il se donne le plus grand mal pour feindre la
tendresse.*

66

Je veux, enfant,
couper net ton cou !

[*Comme s'il ne pensait à rien qu'au bien-être de
Siegfried.*

Si, même, pour toi
j'étais sans fiel,
et si tes mépris
et mon rôle de traître
moins haut criaient vengeance,
de ma route je devrais, pourtant,
te chasser en hâte.

[*D'un ton plaisant.*

Sans quoi comment saisir ta proie ?
Car Alberich la guette aussi.

[*Il verse le breuvage dans une corne à boire et l'offre
à Siegfried avec insistance.*

Ça, mon Wælsung,
fils de Loup,
bois, absorbe la mort.
C'est ton dernier glou-glou !
Hi ! hi ! hi ! hi-hi-hi . . .

[*Siegfried tire son épée. Dans un mouvement de
dégoût, il pousse brusquement la pointe contre Mime,
qui tombe mort sur le sol.*

Siegfried

Goûte à l'épée,
sale vipère !

[*Alberich, caché dans les rochers, fait entendre un rire
de moquerie.*

La Voix
d'Alberich

Ha-ha-ha-ha-ha-ha . . .

[*Siegfried regarde celui qui gît à terre et, tranquille,
remet son épée à sa ceinture.*

Siegfried

Pour payer
l'envie

j'ai forgé cette lame !

[*Il roule le cadavre de Mime vers l'antre et l'y
précipite.*

Sous la terre, là
gis près de l'or.
Ton âpre ruse
pensait le ravir,
qu'il fasse tes chères délices !
Un gardien fidèle
Vais-je t'offrir
pour te défendre des vols !

[*A grand effort il traîne le corps du dragon jusqu'à
l'entrée de la caverne, qui se trouve complètement
obstruée.*

Là, dors aussi,
sombre ver !
A l'or décevant
sers de gardien
près de ton avide rival.
Ainsi, tous deux soyez en paix !

[*Un instant il envisage pensivement la caverne, puis,
las, d'un pas lent, il revient vers l'avant-scène.—Se
passant la main sur le front.*

Qu'il fait chaud
après tel labeur !
Tout en feu
bondit mon sang !
Ma main brûle mon front.
Au ciel midi monte.
Du clair azur
l'œil ardent du soleil
se fixe sur moi.
L'ombre fraîche
s'épand des branches de l'arbre.

[*Il se recouche sous le tilleul et regarde à travers les
branches.*

SIEGFRIED

Rechante, voix si douce.
Après un long
et rude effort
tels accents me sont un charme.
Aux ramures, Oiselet,
tu te berces.
Tout babillants, tout gais,
frères, sœurettes,
t'entourent d'un vol caressant.
Mais moi, je suis tout seul.
Ni sœurettes, ni frères.
Et mon père est mort,
ma mère aussi :
jamais ne les vis.
Mon seul compagnon
fut un vil avorton.
Rien de bon qui nous fît tendres.
Il m'enlaçait
d'infâmes traîtrises.
Enfin, ai-je dû l'abattre.

[*Il relève ses yeux vers les branches dans une émotion
douloureuse.*

Cher camarade,
réponds à présent.
Si tu me savais
un bon ami ?
Veuille venir à mon aide.
Combien j'ai cherché
sans jamais rien trouver !
Toi que j'aime,
en toi j'espère.
Si bien tu m'as conseillé !
Oh ! chante ! j'écoute ta chanson.

La Voix de
l'Oiseau

Hei ! Siegfried frappa
le plus lâche des nains.

SIEGFRIED

> Oh ! S'il connaissait
> l'épouse sans prix !
> Au roc altier elle dort,
> dans une enceinte de feu.
> Passant le brasier
> s'il la réveille,
> Brünnhilde, lors, est à lui.

[Siegfried, assis à ce moment, se remet vivement debout.

Siegfried

> Suave chant !
> Souffle enchanté !
> L'ardent espoir fait battre mon sein.
> En quelle fièvre
> flambe mon cœur !
> Qui trouble ainsi
> mon cœur et ma tête.
> Dis-le moi, doux ami.

L'Oiseau de la Forêt

> Joie et douleur
> d'amour je chante.
> Doux et plaintif
> passe mon chant.
> Qui rêve et désire comprend.

Siegfried

> Loin, vite !
> Gai, faisons route
> loin des grands bois jusqu'au roc !
> Dis-moi ceci, pourtant,
> mon doux chantre :
> dois-je en la flamme faire brèche ?
> Puis-je éveiller telle vierge ?

L'Oiseau de la Forêt

> De Brünnhild conquise
> doit voir l'éveil,
> un lâche jamais,
> mais qui de peur n'est instruit.

ACTE III

PREMIÈRE SCÈNE

*Un site sauvage au pied d'un roc qui monte à pic, au fond, vers la gauche.
C'est la nuit.   Orage et tempête : éclairs et grondements de tonnere.
Tout se calme peu à peu, mais les éclairs continuent à sillonner les
nuages. Entre le Voyageur. Il s'avance avec résolution vers
l'entrée d'une grotte ouverte dans un rocher, sur le devant du théâtre.
Il s'appuie sur sa lance et prononce les paroles suivantes, au seuil de
la crypte.*

Le Voyageur

Monte, Wala !
Wala, debout !
Du long sommeil,
Viens, je t'éveille aujourd'hui.
Entends mon appel.
Surgis ! surgis !
Du puits ténébreux,
du gouffre nocturne,
surgis !
Erda ! Erda !
Femme éternelle !
Des cryptes natales,
monte aux hauteurs !
Je clame vers toi ;
mon chant t'évoque ;
Du somme où tu songes,
sors à ma voix !
Toute sage !
Prime Science,

SIEGFRIED

Erda ! Erda !
Femme éternelle !
Monte ! approche
O Wala !
Approche !

Erda

Fort est le chant ;
fort agit le charme.
L'éveil m'arrache,
au songe sachant.
Qui donc me trouble ainsi !

Le Voyageur

C'est moi qui t'éveille ;
des charmes j'use,
puissants à rompre
le plus pesant sommeil.
Partout je passe,
dieu voyageur,
pour encor apprendre.
Maint vieux savoir je recueille
Nul plus que toi
Ne sait de secrets.
Tu sais tous ceux
que l'abîme tient,
dont monts et vaux,
cieux et mers, sont remplis.
Où l'être vit
plane ton souffle.
L'esprit qui pense
pense par toi ;
toute chose
fait ton savoir.

Pour que ma science s'accroisse,
sors, enfin, du sommeil.

Erda

Je dors et rêve,
je rêve et pense,
je pense l'œuvre sachante.
Mais si je dors,
les Nornes veillent
qui tissent la corde
et nouent sans fin mes secrets.
Demande donc aux Nornes.

Le Voyageur

Esclaves du sort
tissent les Nornes,
sans pouvoir rien
sur ce qui passe.
Mais toi, la Sage,
parle, ne puis-je
enrayer la roue du rouet ?

Erda

L'œuvre humaine
enténèbre mes pensers.
J'ai dû, moi la Sage
Subir un maître jadis ! . . .
L'enfant chère
donnai-je à Wotan.
Fixer le sort des guerriers
fut sa tâche.
Cœur brave, et sage aussi.
Pourquoi viens-tu ?
Recours à cette enfant
Qu'Erda conçut du dieu !

Le Voyageur

De Brünnhild tu parles,
Brünnhild l'enfant ?
Elle a bravé
le dompteur des tempêtes,

SIEGFRIED

à l'heure où, fort,
lui-même se domptait.
Quand le dieu des combats,
rêvant un acte,
dut s'en défendre,
malgré son désir,
elle, sans peur,
lors, affronta la défense,
et fit l'acte même,
—Brünnhild,— au rude combat.
Moi, j'ai puni mon enfant :
sur ses yeux pesa le sommeil.
Au rocher la vierge dort :
L'éveil pour elle
viendra seulement
afin qu'un homme
soit son époux.
D'elle qu'aurais-je à savoir ?

Erda

Nuit trouble
suit mon réveil :
vague, obscur
va le monde.
La Walküre, issue de moi,
est frappée de sommeil
quand, sachante, sa mère dort !
Le fougueux maître
hait l'ardeur !
Par qui veut des actes,
l'acte est puni !
Qui préside au droit,
à la foi jurée,
Contre tout droit est parjure !
Laisse-moi m'engouffrer.
Rends à l'ombre mon rêve !

SIEGFRIED

Le Voyageur

Non, Mère,
reste et m'entends,
car mes charmes sont les plus forts.
Prime Sagesse,
par toi, la crainte aiguë
en Wotan a pénétré.
L'effroi des chutes,
hontes suprêmes,
vient de toi seule
remplir d'angoisse mon cœur.
Si, plus que tout,
toi, tu es sage,
parle ; comment vaincre, enfin,
les transes du dieu ?

Erda

Tu n'es pas
ce que tu dis.
Pourquoi donc,
cœur implacable,
briser mon sommeil sacré ?

Le Voyageur

Tu n'es pas
ce que tu crois.
Prime Sagesse
touche au terme :
ta science s'éteint
devant mon ordre !
Sais-tu ce que Wotan veut ?

[*Long silence.*

Aveugle, apprends-le de moi,
et, calme,
va sans fin dormir !
Cette fin divine
point ne m'effraie.
Mon désir y tend.
Ce qu'en la lutte,

aux maux farouches,
mon cœur brisé résolut,
fier et libre,
mon vouloir s'y complaît !
Si j'ai voué, dans ma rage
au Niblung haineux l'Univers,
au Wælsung sublime
j'ai tout légué désormais.
Moi qui l'ai choisi,
je lui reste inconnu.
Le plus fier jeune homme,
par sa seule force,
conquit du Niblung l'anneau.
Plein d'amour,
libre de haine,
il rend l'anathème
d'Alberich vain :
lui seul reste sans peur !
Notre noble enfant,
Brünnhild, s'éveille
aux tendresses du Fort.
Brünnhild va, sachante,
accomplir l'exploit
rédempteur du monde.
Donc va dormir, toi,
clos ta paupière ;
rêve et vois ma chute.
Mais quoi qu'il survienne
à jeunesse éternelle
cède en joie le dieu.
Au gouffre, Erda,
Prime Terreur !
Prime Trouble !
Descends ! descends dormir sans fin !

[*Erda, qui a déjà fermé les yeux et s'est progressive-
ment enveloppée de ténèbres, achève de disparaître.*

DEUXIÈME SCÈNE

*L'antre est redevenu obscur.   La lumière du matin éclaire la scène.—La
tempête a cessé.   Le voyageur est venu s'adosser à la crypte.*

Le Voyageur   **Tout proche Siegfried vient.**

*[Il reste dans la même attitude, à la même place.—
L'oiseau qui dirige Siegfried vole vers l'avant-
scène.—L'oiseau s'arrête tout à coup, volète de part
et d'autre et, promptement disparaît vers le fond.
Siegfried entre et s'arrête.*

Siegfried   **Mon guide a disparu
D'un vol frémissant,
d'un chant joyeux,
il m'indiquait mon chemin :
Tout juste il vient de me fuir !
Fort bien pourrai-je
aller seul vers le roc.
Au but qu'un guide ailé m'apprit,
j'irai donc maintenant !**

[Il marche vers le fond.

Le Voyageur
*toujours dans la
même attitude.*   **Quel but, jeune homme,
cherchent tes pas ?**

[Siegfried s'arrête et se retourne.

Siegfried   **On parle ici ?
On peut donc me guider.**

[Il s'approche du Voyageur.

**Vers un roc je marche
qu'entoure un cercle de flammes :
là dort la femme
dont je veux l'éveil.**

Le Voyageur   **Qui t'a parlé de cette roche ?
Qui t'a vanté cette femme ?**

78

SIEGFRIED

<table>
<tr><td>Siegfried</td><td>L'oiseau qui dans le bois chante :
sa voix m'a dit ces choses.</td></tr>
<tr><td>Le Voyageur</td><td>Aux branches, l'oiseau jase,
Mais nul ne le comprend :
Comment as-tu fait pour bien
    l'entendre ?</td></tr>
<tr><td>Siegfried</td><td>C'est grâce au sang
d'un cruel dragon
que j'ai, à Neidhöl su vaincre.
Ma langue à peine
a goûté ce sang,
je devine le chant des oiseaux.</td></tr>
<tr><td>Le Voyageur</td><td>Par toi le géant est mort,
mais qui te pressa
au fort dragon de courir ?</td></tr>
<tr><td>Siegfried</td><td>Conduit par Mime,
ce nain menteur,
voulait m'apprendre la crainte.
Du fer terrible ;
si je frappai,
Fafner me pressa seul,
car sa gueule
s'ouvrait pour moi.</td></tr>
<tr><td>Le Voyageur</td><td>Qui fit ce glaive
au dur tranchant
dont le fort dragon mourut ?</td></tr>
<tr><td>Siegfried</td><td>Moi-même l'ai fait
à défaut de Mime :
l'arme autrement m'eût manqué.</td></tr>
<tr><td>Le Voyageur</td><td>Mais qui fit les rudes pièces
dont tu forgeas le glaive entier ?</td></tr>
</table>

SIEGFRIED

Siegfried	Qu'en puis-je savoir ? Je sais du moins que les pièces point ne servent qu'on n'en ait fait glaive neuf.

[Le Voyageur éclate franchement de rire.

Le Voyageur	Sûr, c'est mon avis !

[Il regarde Siegfried avec sympathie.

Siegfried étonné.	Qu'as-tu à railler ? Vieux loquace ! Cesse à la fin et n'attends plus que je jase. Sais-tu quelle est ma route ? Eh ! parle. N'en sais-tu rien ? Referme ton bec !
Le Voyageur	Holà ! jeune homme, suis-je si vieux ? Eh bien, respecte mon âge.
Siegfried	Belle trouvaille ! Dès ma naissance, un vieux m'a toujours barré la route, mais je l'ai su mettre à bas. Si, toi, tu restes et si tu me braves, gare à toi, dis-je, et crains de Mime le sort !

[Il s'approche davantage du Voyageur.

Quel air as-tu donc ?
Pourquoi porter
un si grand chapeau ?
Sur tes traits, pourquoi
baisser ses bords ?

80

SIEGFRIED

Le Voyageur
*toujours dans la
même attitude.*

C'est en marchant l'usage,
quand on a le vent contre soi.

Siegfried
*l'envisageant de
plus en plus près.*

Mais je crois qu'un œil te manque ?
Quelqu'un, bien sûr, te l'a fait
    sauter,
que ton aplomb, en chemin bravait ?
Pars maintenant,
sans quoi tu pourrais
de même perdre aussi l'autre.

Le Voyageur

Je vois, mon fils :
bien qu'ignorant,
tu sais t'aider toi-même.
L'œil qui me manque,
c'est par lui qu'à présent,
tu vois toi-même cet autre
qui m'est pour guide resté.

Siegfried
*qui l'a attentive-
ment écouté, laisse
échapper un
involontaire éclat
de rire.*

Ha ! ha ! ha ! ha !
Tu sais vraiment faire rire !
Pourtant, assez de paroles :
Allons, dis mon chemin.
Suis ta route, après, sans délai ;
Tu n'as rien à faire de mieux :
Donc, parle, ou gare à mes poings !

Le Voyageur

Si ta fierté m'eût connu,
l'affront m'eût épargné.
Toi qui m'es cher,
triste dois-je à t'entendre.
Si, dès longtemps,
j'ai chéri ton sang,
mainte douleur
par moi vint l'accabler.
Quand moi, je t'aime,
moi, l'auguste,

SIEGFRIED

prends garde à mon courroux,
redoutable pour toi et moi !

Siegfried

Te tairas-tu,
drôle obstiné ?
Cède la place
car, certes, là-haut,
est une vierge qui dort.
L'oiseau fut mon guide ;
il volait là quand il m'a fui.

[L'ombre revient tout d'un coup.

Le Voyageur
dans un mouve-
ment de colère,
sur un ton
impérieux.

Il t'a fui pour son salut !
Il craint le maître
des noirs corbeaux !
Tremble s'ils l'ont atteint !
La route qu'il te montre
n'est point pour toi !

[Siegfried surpris se redreſse, en une attitude de défi.

Siegfried

Ho ! ho ! tu commandes !
Qui donc es-tu ?
pour m'arrêter ici ?

Le Voyageur

Crains du rocher le maître !
Je tiens captive là-haut
la vierge qui dort.
Qui la réveille,
qui la possède,
jette à bas ma puissance.
D'un flot de feu
la vierge est cernée,
vagues de flammes
léchant le roc.
Qui vers elle court
se heurte au fauve brasier.

[De la pointe de la lance, il montre le haut du rocher.

SIEGFRIED

Lève les yeux !
Vois-tu ces clartés ?
L'éclat grandit,
le feu redouble ;
rouges fumées,
trombes de flammes,
roulent, et brûlent,
et grondent vers nous.
L'ardente mer
empourpre ton front.

[*Des lueurs de feu, d'un éclat croiſsant, entourent le sommet du roc.*

Bientôt son feu mortel
va t'étreindre.
Arrière, jeune insensé !

Siegfried

Arrière, toi-même, bavard !
Là où les flammes flambent,
vers Brünnhild je dois m'élancer !

[*Il marche en avant. Le Voyageur se dreſse devant lui pour lui faire obſtacle.*

Le Voyageur

Si du brasier tu n'as peur,
j'oppose ma lance à tes pas !
Je garde en mes mains
l'entier pouvoir.
Le fer que tu tiens
ce bois l'a pu briser.
Qu'ici encor
le brise l'antique lance !

[*Il tend sa lance.*

Siegfried
saiſiſsant son épée.

De mon père,
C'est toi l'ennemi ?
Joie des vengeances
que j'ai enfin !

SIEGFRIED

Pousse l'épieu :
qu'il vole en deux sous mon fer !

[D'un coup d'épée, il brise en deux la lance du Voyageur. De l'arme qui se rompt sort un étincelant éclair qui va frapper le sommet du roc où l'embrasement grandit, maintenant, de plus en plus. Un violent coup de tonnerre, aussitôt amorti, a suivi l'éclair.—Le Voyageur ramasse tranquillement à ses pieds le tronçon de sa lance.

Le Voyageur

Va donc ! Je quitte la place !

[Il disparait dans une ombre épaisse.

Siegfried

Ramassant son arme,
prompt, il m'échappe ?

[Le grandissant éclat des nuages embrasés qui roulent et descendent de plus en plus, frappe les yeux de Siegfried.

Ah ! Feu radieux !
Claire splendeur !
Large et brillante
s'ouvre ma route.
Plonger en ces flammes !
Aux flammes trouver
la fiancée !
Ho ! ho ! Ha hei !
J'appelle un bon ami !

[Siegfried embouche son cor et se précipite dans le feu, qui lance peu à peu ses vagues jusqu'à l'avant-scène. Ensuite l'ardeur des flammes s'atténue. La fumée se change en une vapeur légère, comme éclairée par le soleil du matin.

TROISIÈME SCÈNE

La brume rosée s'évapore par en haut. Bientôt, on ne voit plus que le ciel clair et bleu, avec le sommet du rocher à présent découvert. C'est exactement le décor du troisième acte de la Walkyrie!—Seuls quelques rougeoiements trahissant les flammes qui persistent dans la vallée. Au premier plan, à l'ombre du grand sapin, est couchée Brünnhilde dans son armure étincelante, le casque en tête, son long bouclier couvrant son corps,—profondément endormie. Siegfried, montée par l'autre pente, arrive, au fond, près de la saillie qui borde le sommet du roc. On ne voit, d'abord, que son buste au-dessus de la crête. Il regarde autour de lui, d'un œil surpris.

Siegfried
très doucement.

**Paix solitaire
Des monts bienheureux !**

[Il gravit complètement la hauteur et contemple la scène avec étonnement.—Il tourne ses regards du côté de la forêt de sapins et avance un peu.

**Qui dort là, calme,
au bois de sapins ?
Un cheval gît
dans un profond sommeil.**

[Il s'approche lentement et s'arrête en apercevant Brünnhilde à une courte distance.

**Quel vif éclat me frappe ?
Quels riches reflets d'acier ?
Suis-je ébloui
toujours par le feu ?
Quelles armes !
Vais-je y toucher ?**

[Il soulève le bouclier et considère Brünnhilde, le visage presque entièrement caché par son casque.

**Ah ! un homme, un guerrier ?
Combien me charment ses traits !
Au front si pur pèse le heaume ?
Mieux vaudrait d'abord l'enlever ?**

[Il dénoue soigneusement le heaume et l'enlève du front de la dormeuse. Les longs cheveux de

SIEGFRIED

Oh ! c'est beau !
Maints clairs nuages
parent d'écumes
les flots d'azur du ciel.
Rire et splendeur,
l'éclat du soleil
brille en ces vagues de l'air ! . ..

Le rythme du souffle
gonfle son sein :
vais-je briser la cuirasse !

Viens, mon fer,
romps cette armure !

Ce n'est pas un homme !

Charme qui brûle
gagne mon cœur . . .
Trouble embrasé
règne en ma vue.
Tout flotte et tourne
sous mon front !

Qui puis-je appeler
qui me seconde ?
Mère ! mère !
entends ma voix !

Siegfried contemple Brünnhilde endormie

SIEGFRIED

Comment l'éveiller
pour que ses yeux
sur moi s'ouvrent ? . . .
—Ses yeux sur moi s'ouvrent ?
Vont-ils m'éblouir, ces yeux ? . . .
Puis-je affronter ? . . . subir cet
    éclat ? . . .
Tout flotte, et tourne,
et croule en moi !
D'âpres désirs
consument mon être ;
mon cœur qui défaille
trouble ma main !
Serais-je un lâche ?
C'est donc la crainte ? . . .
O mère ! mère !
ton fils valeureux ! . . .

[Un silence.

Paisible, dort une femme
qui va lui apprendre la peur ! . . .
Comment s'enhardir ?
comment oser ?
M'éveillant moi-même
Que ma voix la réveille !

[*Se rapprochant de nouveau de la dormeuse, il sent redoubler son émotion, et la regarde d'un air attendri.—S'inclinant vers elle davantage.*]

Fraîche à mes yeux
sa bouche fleurit . . .
Quel doux frisson d'effroi
vibre en mon sein !
Ah ! cette haleine !
tendre et tiède senteur !

[Comme au désespoir.

Éveille-toi !

SIEGFRIED

Éveille-toi !
Femme sacrée !

    [*Les yeux fixés sur elle.*

J'appelle en vain ! . . .

    [*D'une expreſſion plus large et plus puiſante.*

Puisons donc la vie
aux fleurs de ses lèvres
quand j'en devrais mourir !

[*Il tombe, presque mourant, sur Brünnhilde et, les yeux fermés, pose ses lèvres sur les siennes.—Brünn-hilde ouvre les yeux.—Siegfried se relève et se tient debout devant elle. Brünnhilde, lentement, se re-dreſse et se met sur son séant. Avec des geſtes solennels, les bras levés, elle salue, la terre et le ciel, joyeuse de les revoir.*

Brünnhilde

Gloire à l'astre !
Gloire au ciel !
Gloire, Flamme du jour !
D'un long repos,
c'est mon réveil.
Quel est le fort
qui m'éveilla ?

[*Siegfried demeure en extase devant ce qu'il voit et ce qu'il entend, et comme paraïysé.*

Siegfried

Franchissant la flamme
qui cernait le roc,
ton armure, j'ai su l'ouvrir !
Siegfried suis-je
qui t'éveillai !

Brünnhilde

Gloire, Dieux saints !
Gloire, monde !
Gloire, Terre splendide !
Je sors de mon sommeil ;
mes yeux s'ouvrent.

Le réveil de Brünnhilde

SIEGFRIED

Siegfried
seul m'a porté l'éveil.

Siegfried
ravi d'enthou-
fiasme.

O gloire à celle
qui m'enfanta !
Gloire au sol
qui m'a vu grandir,
puisque tes yeux m'ont lui
qui, là, m'enivrent joyeux !

Brünnhilde

O gloire à celle
qui t'enfanta !
Gloire au sol
qui t'a vu grandir !
Tes yeux seuls
devaient m'éclairer.
L'éveil me dut venir de toi !

[*Ils s'absorbent dans leur enthoufiafte ardeur, dans
leur mutuelle contemplation.*

O Siegfried ! Siegfried !
Noble héros !
Réveil de la vie,
jour triomphant !
Oh ! sache donc,
joie qui nous luit,
d'où date mon amour.
Tu fus mon rêve,
mon seul souci !
Ta tendre enfance,
je la préservai.
Au sein maternel
mon bras t'a sauvé.
Je t'aimais dès lors,
Siegfried !

SIEGFRIED

<table>
<tr><td>Siegfried</td><td>Ma mère n'est donc morte ?
elle dort seulement ?</td></tr>
</table>

Brünnhilde

Sublime enfant !
Rien ne peut te rendre ta mère . . .
Je suis toi-même
si, toi, tu me donnes ton amour.
Ton cœur ne sait,
mais, moi, je sais.
Or, sachante si je suis,
c'est que je t'aime.
O Siegfried ! Siegfried !
Jour triomphant !
C'est toi que j'aime,
car, pour moi seule,
s'ouvrit de Wotan l'idée,—
cette idée que je sus
sans la dire,
jamais comprise,
mais devinée,
—pour qui, vaillante,
j'ai combattu,
osant braver le dieu
qui l'avait eue ;
—pour qui me vinrent
tels châtiments,
ne l'ayant comprise,
l'ayant sentie !
Mais, cette idée,
toi, tu l'éclaires.
Moi je n'y vis qu'amour pour toi.

Siegfried

Merveille et joie,
emplissent ton chant.
Pourtant, il reste obscur.

SIEGFRIED

De tes yeux si clairs
je vois l'éclat ;
de ton souffle pur
je sens l'ardeur ;
de ta voix, l'accent
me vient ravir ;
mais ce que disent tes chants,
simple, j'y suis fermé.
Mon cœur ne comprend
ces choses lointaines
quand tous mes sens te voient,
toi seule, et t'assiègent !
D'un sombre effroi,
tu m'as rempli.
Toi seule as su
m'enseigner la frayeur ;
à moi, qu'étreignent
tes chaînes puissantes,
rends le courage oublié !

*[Siegfried, profondément ému, jette sur Brünnhilde
un regard de désir.—Brünnhilde détourne doucement la tête et ramène ses yeux vers le bois de
sapins.*

Brünnhilde

Là-bas, c'est Grane,
mon fier cheval.
Joyeux, il pâture,
ayant dormi.
Lui-même doit
à Siegfried l'éveil ! . . .

Siegfried
*toujours dans la
même attitude.*

Des joies de ta bouche
mes yeux se repaissent.
Brûlante, une soif
dessèche mes lèvres,
que le don des tiennes l'apaise !

SIEGFRIED

Brünnhilde
*montrant de la
main ses armes
qu'elle vient
d'apercevoir.*

Je vois le bouclier,
secours de braves . . .
Le heaume est ici
qui couvrait mon front.
Sans eux, soudain, me voici.

Siegfried
ardemment.

Une vierge bénie
transperce mon cœur.
Elle a blessé
mon front de ses coups,
je n'ai bouclier, ni heaume !

Brünnhilde
*d'une grande
mélancolie.*

Je vois la cuirasse
où brille l'acier ;
un glaive aigu l'ouvre en deux,
et du corps virginal
l'armure s'en va !
Je suis sans soutien,
sans force, à merci,
et rien qu'une femme !

Siegfried

Du fauve brasier
j'arrive vers toi.
Armure, cuirasse,
moi, je n'ai rien.
Aussi, la flamme
pénètre en mon sein.
Mon sang bondit
et roule, embrasé.
Un rouge incendie
en moi se déchaîne.
Du feu qui, là-bas,
garde ton roc,
l'ardeur a brûlé mon cœur !

SIEGFRIED

O femme, éteins ce brasier !
calme sa folle fureur !
[*Il la saisit passionnément. Elle le repousse avec une
force désespérée et se réfugie de l'autre côté de la
scène.*

Brünnhilde

Nul dieu ne m'approcha !
Le front courbé, les braves
    m'honorent.
Sainte, j'ai quitté le Walhall !
Las ! las !
Honte pour moi !
Détresse et mépris !
Par lui, je souffre,
lui, l'éveilleur.
Il rompit armure et heaume.
Brünnhilde est loin de moi !

Siegfried

O vierge, ici,
tu rêves toujours.
Brünnhilde encore
songe en sommeil . . .
Réveille-toi,
sois une femme !

Brünnhilde
*dans un étour-
dissement.*

Mes sens me trahissent !
Ma science fuit.
Sans elle vais-je vivre !

Siegfried

Toi-même n'as-tu pas dit
qu'elle est l'éclat de ton amour pour
    moi !

Brünnhilde
*les yeux fixés
devant elle.*

L'ombre funèbre
voile mes yeux.
Ma vue se trouble ;
mon jour s'éteint.
L'ombre est sur moi.

SIEGFRIED

De nuit et d'horreur
monte et surgit un effroi confus.
Peur sans trêve
se dresse et bondit.

[*Brünnhilde se couvre les yeux de ses mains. Doucement, Siegfried écarte les mains de Brünnhilde.*

Siegfried

L'ombre pèse
aux yeux qu'on ferme.
Les ouvrir
en chasse l'obscur effroi.
Sors des ténèbres, et vois !
Clair et beau brille le jour !

Brünnhilde
*au comble
de l'angoisse.*

Clair et beau
brille le jour pour ma honte !
O Siegfried ! Siegfried !
Vois ma terreur !

[*La phyſionomie de Brünnhilde atteſte, ici, qu'une
douce image s'eſt emparée de son âme et ses yeux
se reportent tendrement sur Siegfried.*

Brünnhilde

Dès l'origine
comme à cette heure
j'ai fait le rêve
d'ardentes délices,
mais toutes pour ton salut !

[*D'une tendreſse brûlante.*

O Siegfried,
pur héros ! trésor du jour !
vie de la terre,
joie des héros !
laisse, ah ! laisse,
laisse-moi !
Garde mon corps de l'approche
    farouche ;
grâce d'étreintes

qui brisent et domptent ;
épargne l'amour de ton cœur !
L'onde sans doute a miré tes traits !
Fut-ce point pour toi plaisir ?
Mais si ta main
à cette onde a touché,
ridant le miroir
si pur du courant,
l'image a disparu,
s'effaçant au trouble de l'eau !
Ne m'effleure donc pas,
laisse-moi pure !
Douce sans fin,
doit sourire en moi
ta claire image,
gai et jeune héros !
O Siegfried !
fier adolescent !
Aime-toi
et laisse-moi.
Ne tue point ton propre amour !

Siegfried

Je t'aime ! . . .
Si, toi, tu m'aimais !
Mon cœur, je ne l'ai plus . . .
Oh ! si je t'avais !
Un flot large et pur
séduit mes yeux
et tout mon être
vibre à le voir,
aux joies mouvantes des vagues !
Loin mon reflet !
Je brûle moi-même
et veux éteindre
en ces flots mes flammes.
Moi-même m'élançant,

SIEGFRIED

j'entre au ruisseau.
Ah ! que, dans ses vagues heureuses,
  je plonge !
Mes fièvres soudain s'y noieront.
Éveille-toi, Brünnhilde, parle, enfant !
Ris à la vie,
joie enivrée !
Sois mienne ! . . . sois mienne ! . . .
  sois mienne ! . . .

Brünnhilde

Oh ! Siegfried !
tienne fus-je toujours !

Siegfried
avec feu.

Si tu l'étais, montre-le donc !

Brünnhilde

Tienne à tout jamais,
je le suis !

Siegfried

A tout jamais, dès ce moment !
Prise en mes bras,
étreinte par moi,
cœur contre cœur,
lorsque tout brûle,
feu des regards,
flamme du souffle ardent,
bouche à bouche,
lèvre à lèvre,
à moi te voici,
ainsi que jadis et toujours !
J'ai dompté le souci de savoir
si déjà Brünnhild est à moi.

Brünnhilde

A toi déjà ?
Calme divin, rugis en tempête !
Chaste clarté, brûle en fournaise !
Science des cieux, tu fuis loin de moi !
Ivre, l'amour te chasse à jamais.

A toi déjà ?
Siegfried ! Siegfried !
Ouvre les yeux !
Mon regard tout en feu
t'aveugle-t-il pas !
Quand mon bras t'étreint,
t'embrases-tu pas ?
Quand mon sang transporté
vers toi se rue,
ces flammes sauvages,
les sens-tu pas ?
Crains-tu pas, Siegfried,
crains-tu donc pas
la folle femme en furie ?

>>>>> *[Elle l'enlace avec paffion.*

Siegfried

Ah !—Quand le sang
bouillonne et s'embrase,
quand les yeux en feu
se dévorent,
quand les bras
brûlent d'étreindre,
en moi renaît ma fière ardeur
et la crainte, ah ! que jamais je n'ai
   sue,
la crainte ! Je crois, moi simple,
l'avoir oubliée !

*[Sur ces derniers mots, sans y prendre garde, il a
laiffé Brünnhilde.*

Brünnhilde
*riant d'une
joie sauvage.*

Oh ! jeune héros,
enfant magnifique !
D'exploits sacrés trésor naïf !
En riant je t'adore,
en riant je m'aveugle,
en riant courons
nous perdre au gouffre ouvert !

SIEGFRIED

Siegfried

Rire, c'est là ce qu'éveille ta joie !

Brünnhilde

Péris, Walhall, monde éclatant !
Que tombe en poudre
le fier palais !

Siegfried

Brünnhilde vit,
Brünnhilde rit !
Gloire au jour
qui, sur notre front, rayonne !
Gloire à l'œil ardent du soleil !
Gloire à l'aube
qui sort de la nuit !

Brünnhilde

Adieu, règne
éblouissant des dieux !
Meurs en joies,
ô pouvoir éternel !
Brisez, ô Nornes,
le fil sacré !
Soir des dieux
du gouffre surgis !
Nuit du néant,
submerge tout !
Pour moi l'étoile en feu
de Siegfried luit !

Siegfried

Gloire au monde
où Brünnhilde vit !
Debout ! vivante !
son rire m'accueille !
Claire étoile,
Brünnhilde luit !
Elle est à moi, à tout jamais,
mon bien suprême,
seule, et toute !

L'étreinte

SIEGFRIED

Brünnhilde

Il est à moi, à tout jamais,
mon bien suprême,
seul, et tout !

Tous les deux

Flamme d'amour !
joie de la mort !

[Brünnhilde se jette dans les bras de Siegfried.

LE CRÉPUSCULE DES DIEUX

PERSONNAGES

SIEGFRIED	Ténor
GUNTHER, roi des Gibichungs	Baryton
ALBERICH	Baryton
HAGEN, fils d'Alberich	Basse
BRÜNNHILDE	Soprano
GUTRUNE, sœur de Gunther	Soprano
WALTRAUTE	Mezzo-soprano
LES TROIS NORNES	1—Contralto 2—Mezzo-soprano 3—Soprano
LES TROIS FILLES DU RHIN	Woglinde—Soprano Welgunde—Mezzo-soprano Flosshilde—Contralto

Hommes et Femmes

PROLOGUE

Le décor est le même qu'au dénouement de la seconde journée [troisième acte de la Walkyrie].—Le roc des Walkyries.—Il fait nuit. Au profond de la scène, des reflets des flammes. Les trois Nornes ont l'apparence de femmes de haute taille, drapées de vêtements sombres, à grands plis. La première (l'aînée) est couchée à l'avant-scène, sous le sapin ; la seconde (plus jeune) est allongée sur un banc de pierre ; la troisième (la dernière-née) est assise à l'arrière-plan sur une saillie de roc. Sombre silence et immobilité.

Première Norne

Quel feu brille là ?

Seconde Norne

L'aube du jour déjà ?

Troisième Norne

Loge clair flambe
autour du rocher.
C'est la nuit.
Ne file-t-on ?
Chante-t-on pas ?

Seconde Norne
à la première.

Pour que l'on file et qu'on chante
où fixes-tu la corde ?

Première Norne
*détachant de sa
ceinture une
corde d'or dont
elle fixe l'extré-
mité à l'une
des branches du
sapin.*

Que bien ou mal advienne,
je tends la corde et chante.
Sous le frêne sacré filant,
j'ai vu pousser du tronc superbe
d'almes rameaux puissants.
Dans l'ombre fraîche un flot
    chantait ;
Sages runes y murmuraient :
j'ai dit leur sens sacré.
Un dieu hardi

vint pour boire à ce flot ;
et, perdant un œil,
paya l'éternelle rançon.
Au vieux frêne saint
Wotan prit, lors, une branche ;
son épieu robuste
il l'a formé de ce bois.
Au cours des temps très longs
l'arbre blessé dépérit ;
jaunes, churent les feuilles ;
sec, l'arbre mourut ;
triste, le flot de la source tarit.
Sourds et mornes
furent mes chants.
S'il faut curdir
loin du frêne désormais,
que ce sapin me serve
à suspendre la corde.
Chante, Sœur ;
la corde à toi !
Sais-tu ce qui vient ?

*[La seconde Norne attache la corde qu'on lui a jetée
à une pierre saillante, à l'entrée de la grotte.*

Seconde Norne

L'ordre saint qui préside aux
    pactes
fut par Wotan
sur l'épieu gravé :
telle, l'arme tenait le monde.
Un fier héros
rompit d'un coup cet épieu :
ainsi se rompt
des Traités l'auguste faisceau.
Alors Wotan fit abattre
le frêne du monde en morceaux,
et son bois

Les trois Nornes

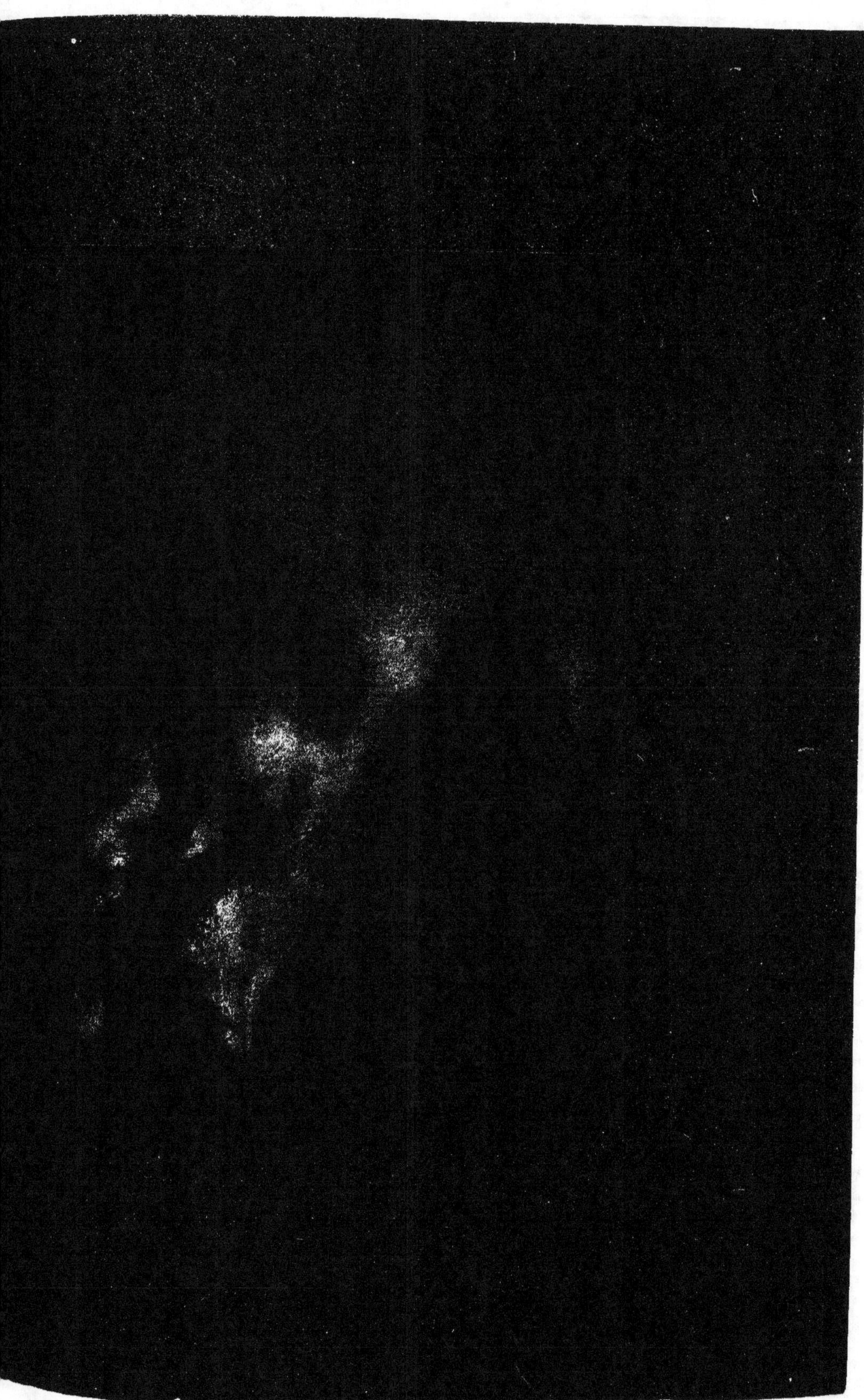

ne fut que ruine.
Le frêne gît ;
c'est de la source fini.
Si je suspends
au rocher tranchant la corde,
chante, Sœur ;
la corde à toi.
Sais-tu ce qui vient ?

[*La troisième Norne saisit la corde et en jette
l'extrémité derrière elle*

Troisième Norne

Le Burg se dresse
qu'ont fait les géants.
Parmi dieux et braves,
peuple sublime,
s'y tient Wotan assis.
Du bois coupé
le vaste amas
monte haut
comme la Salle.
Le frêne du monde est là !
Si ce bois brûle
en flammes sacrées,
si le feu ronge
le Burg éclatant,
la race divine
touche pour jamais à sa fin.
Est-ce encor tout ?
Qu'on tresse la corde à nouveau ;
Du Nord, vers toi
je vais la lancer.
File, Sœur,
et chante !

[*Elle jette la corde à la seconde Norne. Celle-ci la
rejette à la première, qui la sépare de la branche
où elle était fixée et la noue à un autre endroit.*

LE CRÉPUSCULE DES DIEUX

Première Norne
*regardant
derrière elle.*

Est-ce le jour,
ou l'éclat de la flamme ?
Troublés sont mes regards ;
mal clair je vois
le passé auguste
où Loge vint
briller dans l'ardeur du feu.
Sais-tu ce qu'il devint ?

Seconde Norne
*rattachant à la
pierre la corde
jetée.*

Par sa lance sainte
l'a dompté Wotan ;
Loge sut le tromper.
Dans la hampe, aux Runes,
pour sa revanche
mord et ronge sa dent ;
mais, par la pointe
toute-puissante,
Wotan exige
qu'au roc de Brünnhilde il flambe.
Sais-tu ce qu'il devient ?

Troisième Norne

Les éclats aigus
de l'arme brisée
Wotan les a plongés
dans le cœur de l'Ardent.
Vite embrasés,
rouges brandons,
le dieu les jette au bûcher sombre
qu'il fit du frêne du monde.

[*Elle rejette la corde à la seconde Norne, qui la
renvoie à la première.*

Seconde Norne

S'il faut dire
ce qui vient ?
Vite, Nornes, tressez !

LE CRÉPUSCULE DES DIEUX

Première Norne
attachant de nouveau la corde.

La nuit meurt ;
rien n'est visible.
La corde, en vain
j'en cherche les fils ;
brouillés sont tous leurs réseaux.
L'horreur m'apparaît ;
pour moi tout se confond.
Du Rheingold
que le gnome a ravi
sais-tu ce qu'il advint ?

[La seconde Norne se hâte de fixer la corde à la pierre saillante de la grotte.

Seconde Norne

La roche dure
coupe la corde.
Peu sûrs
tiennent ensemble les fils.
Ils vont s'entremêlant.
Angoisse et haine
viennent vers moi de l'anneau.
Un vœu de vengeance
ronge les fils assemblés.
Sais-tu ce qu'il advient ?

Troisième Norne
saisissant précipitamment la corde qui lui est lancée.

Trop lâche le câble !
trop court pour moi !
Si vers le Nord il faut qu'on le lance,
ferme soit-il tendu !

[Elle tire avec force sur le câble, soudain rompu.

Il rompt !

Seconde Norne

Il rompt !

Première Norne

Il rompt !

[Elles ramassent les morceaux de la corde, et, mutuellement, se les nouent à la taille en s'unissant.

LE CRÉPUSCULE DES DIEUX

Toutes les trois   Science est à son terme !
Par nous plus d'oracle jamais !
En bas !
Vers la mère !
En bas !

[Elles disparaissent,
[L'aube du jour.—La clarté matinale grandit. Le reflet des flammes dans la profondeur s'affaiblit de plus en plus. Le soleil se lève. Plein jour.

Siegfried et Brünnhilde sortent de la grotte, lui tout armé, elle conduisant son cheval par la bride.

Brünnhilde   Loin d'autres gloires,
cher vaillant,
te sais-je aimer,
si je te tiens ?
La seule crainte
qui m'arrête
c'est que mon cœur t'ait donné
trop peu.
Ma science divine
put t'ouvrir
l'ample trésor
des saints secrets ;
mais de ma force
le sceau virginal,
toi, tu le pris,
et tu m'as soumise.
Ma science meurt,
mon désir survit.
D'amour prodigue
et faible pourtant,
que l'humble femme

Les Nornes disparaissent

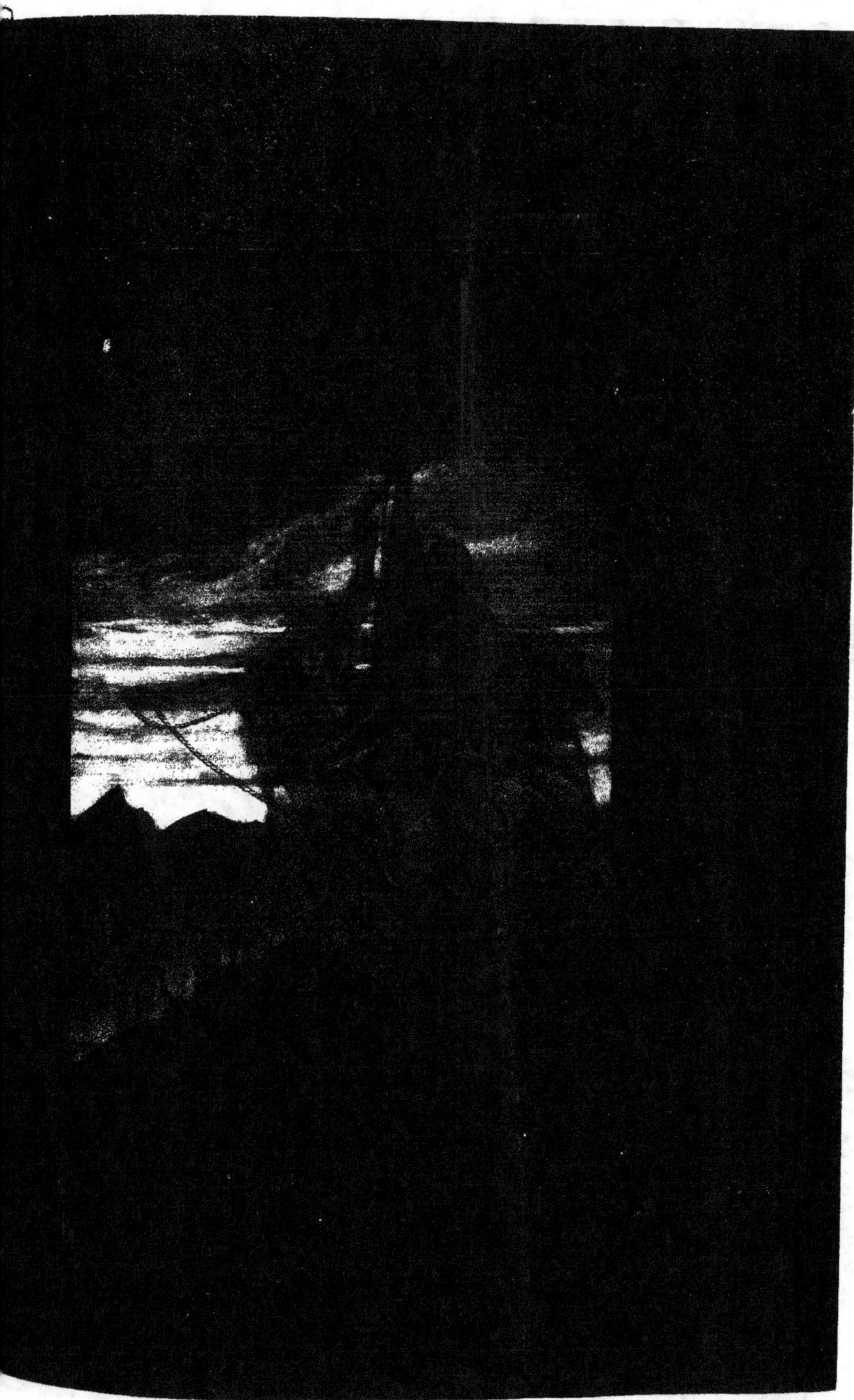

LE CRÉPUSCULE DES DIEUX

encor te plaise
qui, sauf son rêve,
ne t'offre plus rien.

Siegfried

J'eus plus de dons de toi
que je n'en peux garder.
Pardonne si ta sagesse
me laisse encor ignorant.
Je garde un savoir pourtant :

[*Avec feu.*

Pour moi Brünnhilde vit ;
et je sais encor ceci :
Brünnhilde sur moi règne !

Brünnhilde

Si ton amour me reste,
oh ! pense à toi seulement,
et pense à tes victoires,
et pense au feu terrible
qu'en brave, tu sus vaincre,
gravissant le roc embrasé !

Siegfried

Brünnhilde,
pour t'étreindre.

Brünnhilde

Et pense à la vierge guerrière
d'un profond sommeil captive
dont tu vins le heaume écarter.

Siegfried

Brünnhilde,
pour l'éveil.

Brünnhilde

Et pense aux pactes
qui nous joignent,
aux vœux fidèles
que nous fîmes,
à nos tendresses,
notre vie.
Brünnhilde ardente :

LE CRÉPUSCULE DES DIEUX

ainsi toujours
vivra dans ton cœur.

[Elle embrasse Siegfried.

Siegfried

Si tu restes ici
sous la garde sainte du feu,
pour prix des sages Runes,
prends de moi cet anneau.

[Il retire de son doigt l'anneau d'Albérich et le présente à Brünnhilde.

Des exploits dont j'eus l'honneur
la force en lui revit.
J'ai tué le hideux dragon
qui l'a longtemps possédé.
Prends cet anneau tout-puissant
et vois en lui mon amour !

[Pleine de joie elle reçoit l'anneau.

Brünnhilde

Qu'il soit mon unique trésor !
Pour l'anneau prends encor mon
  cheval !
Nous allions tous deux,
jadis, parmi les nues ;
ainsi que moi
il perdit ce don.
Aux vapeurs du ciel
où brille la foudre,
son vol plus ne saurait s'élancer;
mais aux buts que tu veux,
fût-ce en la flamme,
va bondir Grane sans crainte.
Toujours, ô brave !
qu'il t'obéisse.
Prends soin de lui ;
il sait ta voix.
Oh ! dis à Grane souvent
de Brünnhild l'adieu !

110

Siegfried quitte Brünnhilde à la conquête de la gloire

LE CRÉPUSCULE DES DIEUX

Siegfried

Par ta puissance
verrai-je ainsi
s'accroître ma gloire ?
Mes combats seront les tiens,
mes victoires te reviendront ;
sur ton cheval rapide,
de ton bouclier couvert,
non, Siegfried plus je ne suis,
je suis de Brünnhild le bras.

Brünnhilde

Qu'encore Brünnhild soit ton âme !

Siegfried

Par elle s'enflamme mon cœur !

Brünnhilde

Es-tu donc Siegfried et Brünnhild ?

Siegfried

Où je suis nous sommes ensemble.

Brünnhilde

Alors vide est mon rocher ?

Siegfried

Unis nous y restons !

Brünnhilde
*dans une grande
émotion.*

O Forces divines,
race suprême,
Dieux, contemplez
notre couple sacré !
Disjoint, qui peut le rompre ?
Rompu, qui le disjoint ?

Siegfried

Gloire à Brünnhilde, astre éclatant !

Brünnhilde

Gloire à Siegfried, jour triomphant !

Siegfried

Gloire ! flamme d'amour !

Brünnhilde

Gloire ! flamme de vie !

Siegfried

Gloire ! astre embrasé !

Brünnhilde

Gloire ! jour triomphant !

III

LE CRÉPUSCULE DES DIEUX

Siegfried   Gloire ! Brünnhilde ! Gloire !

Brünnhilde   Gloire ! Gloire ! Gloire !

[*Siegfried conduit rapidement son cheval vers la pente
de la montagne où Brünnhilde l'accompagne.—
Il disparaît, avec le cheval, derrière le rocher.
Brünnhilde, reftée seule, le regarde s'éloigner du
côté de la vallée.—On entend au loin le cor de
Siegfried. Brünnhilde écoute, revient vers la
pente, aperçoit une dernière fois Siegfried et lui
fait des signes comme avec ivrefse. On devine à
son sourire qu'elle suit des yeux le héros, joyeusement
en route.*

ACTE I

PREMIÈRE SCÈNE

*Au palais des Gibichungs, au bord du Rhin. La grande salle ouverte au
fond.—L'arrière-plan est occupé par un large espace libre conduisant
au fleuve.—Aux environs, des dunes de rochers.—Gunther et Gutrune
sont sur un trône, près d'une table chargée de cornes à boire. Devant
la table, Hagen est assis.*

Gunther

Entends, Hagen ;
parle, héros.
Fais-je, moi, seigneur du Rhin,
Gunther, à Gibich honneur ?

Hagen

C'est toi son fils,
j'envie ta naissance
car notre mère à tous deux,
Dame Grimhild dut me l'apprendre.

Gunther

Toi, je t'envie ;
n'envie rien de moi !
J'ai le droit du sang ;
sage, toi, tu l'es seul.
Mi-frères oncques
n'ont eu meilleur compte.
Ton conseil seul m'est à cœur ;
parle-moi de mon honneur.

Hagen

Donc, blâme sur toi,
trop faible l'honneur ;
je sais des biens insignes
que le Gibichung n'a pas conquis.

Gunther

Pour ton silence
sois blâmé.

Hagen

L'été de vos jours vous trouve,
vous, les Gibichungs,
toi, Gunther, seul toujours,
toi, Gutrun, sans époux !

[*Gunther et Gutrune se perdent dans leurs pensées en
silence.*

Gunther

Où vois-tu donc ceux-là
pour notre gloire faits ?

Hagen

Je sais femme
unique sous le ciel.
Un roc altier la prit.
La flamme rugit à l'entour.
Seul qui franchira le feu
à Brünnhilde pourra s'unir.

Gunther

Ne suis-je de cœur à passer ?

Hagen

Un plus fort que toi
est seul marqué.

Gunther

Quel est ce brave sans pair ?

Hagen

Siegfried, des Wælsungs issu,
c'est lui le fort des forts.
Par frère et sœur
d'amour esclaves,
Siegmund et Sieglinde,
fut engendré le noble fils,
dans le bois grandi librement.
De Gutrun qu'il soit l'époux.

Gutrune
*d'abord
timidement.*

Quels exploits a-t-il pu faire
qu'on le nomme un héros sans
   rival ?

LE CRÉPUSCULE DES DIEUX

<table>
<tr><td>Hagen</td><td>

A Neidhöle
sur l'or pris au Rhin,
veillait un géant dragon.
Siegfried, fermant sa gueule à
    jamais,
à mort l'a frappé de son fer.
Du surprenant haut fait
sortit glorieux son nom.

</td></tr>
<tr><td>Gunther
pensif.</td><td>

Je sais du trésor l'histoire :
il cache un rare joyau.

</td></tr>
<tr><td>Hagen</td><td>

Qui bien en saurait user
aurait sous sa loi l'univers.

</td></tr>
<tr><td>Gunther</td><td>

Et Siegfried a le butin ?

</td></tr>
<tr><td>Hagen</td><td>

Serfs sont les Niblungs pour lui.

</td></tr>
<tr><td>Gunther</td><td>

Et Brünnhilde, il peut l'avoir seul ?

</td></tr>
<tr><td>Hagen</td><td>

Pour tout autre monte le feu.

</td></tr>
<tr><td>Gunther
se levant avec
un geste de
mauvaise
humeur.</td><td>

En vain, le trouble, l'émoi !
Ce qui ne m'est promis
qu'en fais-tu donc naître
en moi l'attrait !

</td></tr>
</table>

*[Il marche dans la salle, de mauvaise humeur.—
Hagen, sans quitter son siège, arrête Gunther
d'un signe mystérieux lorsqu'il passe près de lui.*

<table>
<tr><td>Hagen</td><td>

Mais que Siegfried l'amène ici,
lors sera Brünnhilde à toi.

</td></tr>
</table>

[Gunther se détourne, indécis et abattu.

<table>
<tr><td>Gunther</td><td>

Qui peut obliger cet homme
à s'entremettre ainsi ?

</td></tr>
<tr><td>Hagen</td><td>

Ton vœu pourra l'y contraindre
s'il voit Gutrune d'abord.

</td></tr>
</table>

Gutrune

Tu railles, aigre Hagen !
Pour lui quel charme aurais-je ?
Le plus brillant
des héros humains
de femmes belles entre toutes
dut être aimé déjà.

Hagen
*se penchant
vers Gutrune
comme pour une
confidence.*

Eh ! songe au philtre secret
et crois en moi qui l'ai conquis.
Tel brave qu'il te plaira
par son pouvoir sera tien.
Vienne donc Siegfried ici.
Qu'il boive le philtre enivrant ;
avant toi la femme qu'il vit
—bien mieux, qu'il put rechercher,—
s'efface, tombe en oubli.

[*Gunther s'est rapproché de la table, il s'y appuie en
écoutant avec attention.*

Or, dites :
bon semble mon conseil ?

Gunther
*se redressant
vivement.*

Louanges à Grimhild
de qui ce frère nous vint !

Gutrune

Oh ! que Siegfried s'offre à moi !

Gunther

Comment le rencontrer ?

[*On entend un cor au lointain, à gauche.—Hagen
prête l'oreille puis se retourne vers Gunther.*

Hagen

Toujours en quête
d'exploits nouveaux
étroit pour lui
se fait le monde.
Lancé en ses chasses sans fin
sur ta rive il doit aborder.

LE CRÉPUSCULE DES DIEUX

Gunther

Comme un ami je l'attends.

*[On entend de nouveau le cor qui se rapproche.
Gunther et Hagen écoutent.*

Au Rhin j'entends un cor.

*[Hagen descend vers le fleuve, regarde au loin, et
crie de la berge :*

Hagen

Dans une barque
un homme, un cheval !
Qu'il souffle gai dans son cor !

*[Gunther s'arrête à mi-chemin du rivage et prête
l'oreille.*

Hagen
comme plus haut.

D'un léger battement
comme à l'aise sa main
fait fuir l'esquif,
rompt le courant !
Cet homme si fort,
ce puissant rameur,
c'est celui-là qui tua le monstre.
Siegfried, c'est lui,
oui, et nul autre !

Gunther

Vient-il vers nous ?

*[Hagen se fait un porte-voix de ses mains et crie
vers le fleuve :*

Hagen

Hoi-ho !
Héros, qui cherches-tu ?

Siegfried
au loin.

Le fils puissant de Gibich.

Hagen

Que sa demeure
te fasse accueil.

[Siegfried apparaît dans sa barque, près du bord.

Halte ! car c'est ici !

DEUXIÈME SCÈNE

Siegfried touche au rivage. Hagen attache la barque avec une chaîne.
Siegfried en sort avec son cheval.

Hagen

Los ! Siegfried,
cher vaillant !

[*Gunther vient rejoindre Hagen sur la berge.*
Gutrune, du haut de son siège, contemple Siegfried,
d'un étonnement mêlé d'admiration. Gunther lui
adresse un salut amical. Tous observent, attentifs,
muets.

Siegfried

Qui est maître ici ?

appuyé sur son cheval, debout, tranquille, près de la barque.

Gunther

Gunther, moi que tu veux.

Siegfried

Grande est ta gloire,
loin, au Rhin :
veux-tu lutter
ou bien m'être ami ?

Gunther

Nul combat,
tu es l'hôte !

[*Siegfried regarde, très calme, autour de lui.*

Siegfried

Qui prend mon cheval ?

Hagen

Confie-le-moi.

Siegfried

Mon nom de Siegfried,
d'où l'as-tu su ?

Hagen

Je t'ai reconnu
à ta vigueur.

118

LE CRÉPUSCULE DES DIEUX

Siegfried
*remettant son
cheval aux
mains de
Hagen.*

Va, soigne mon Grane.
Tu n'as tenu
si noble coursier
en bride jamais.

[*Hagen emmène le cheval. Tandis que Siegfried,
pensif, le regarde s'éloigner, Gutrune, sur un signe
de Hagen qui échappe au héros, disparaît, à gauche,
par la porte de son logis.*

Gunther
*conduisant Sieg-
fried vers la
salle.*

Salue en joie, héros,
le Burg où fut mon père.
Où que tu marches,
sous tes regards
prends pour tiens mes domaines.
Vois sous tes ordres
terre et gens :
sur mon corps, foi jurée,
je suis ton homme aussi.

Siegfried

Sans terre et gens je viens à toi.
Je n'ai château ni cour :
legs unique, j'ai là mon corps
qu'use à son gré la vie.
J'ai l'épée seule que j'ai faite.
Par son fer, foi jurée,
tu peux sur nous deux compter.

[*Hagen, revenu, se tient derrière Siegfried.*

Hagen

Mais du Niblung, dit-on,
le fier trésor est ton bien !

Siegfried
*se tournant vers
Hagen.*

Richesse dont j'eus l'oubli,
tant fais-je souci de l'or !
En la caverne qu'il vieillisse
où le monstre le gardait.

Hagen

Et rien ne t'a séduit ?

LE CRÉPUSCULE DES DIEUX

Siegfried

Cet objet—j'ignore à quoi bon ?

Hagen

Le tarnhelm même :
le Niblung y mit tout son art.
Il peut, posé sur ton front,
de cent formes te revêtir.
Te plaît-il d'aller au loin,
aussitôt, loin, tu te vois.
N'as-tu donc pris que cela ?

Siegfried

Un anneau.

Hagen

Le gardes-tu bien ?

Siegfried

Fidèle, le garde une femme.

Hagen
à part.

Brünnhilde !

Gunther
à Siegfried.

Non, Siegfried, aucun échange !
Sans prix est pareil joyau.
Mince est mon bien en regard.
Pour l'honneur seul veux-je être à
toi.

*[Hagen se dirige vers le logis de Gutrune et en ouvre
la porte. Gutrune paraît, tenant une corne à
boire pleine. Elle s'avance vers Siegfried.*

Gutrune

Sois bienvenu
chez Gibich, hôte !
Sa fille
t'offre le vin.

*[Siegfried s'incline amicalement devant elle et prend
la corne à boire.*

Siegfried
*levant la corne
d'un air rêveur.*

L'oubli vînt-il
de tous tes bienfaits,
ceci, du moins,
je m'en souviendrai.
D'abord, je bois

Siegfried rend la corne à Gutrune et soudain la passion
l'embrase

LE CRÉPUSCULE DES DIEUX

au cœur fidèle.
Brünnhilde, c'est à toi.

*[Il porte la corne à ses lèvres et boit à longs traits.
Ensuite, il rend la corne à Gutrune qui rougit, se
trouble et baiſse les yeux. Siegfried l'envisage
d'une paſſion subitement allumée.*

Toi dont le regard en feu m'a
    brûlé
tu baisses les yeux devant moi ?

[Gutrune lève les yeux devant lui, en rougiſsant.

Siegfried
avec élan.

Ah ! belle enfant,
ferme les yeux.
Mon cœur, en mon sein,
flambe à leur feu.
Torrent embrasé, je sens là
que bout et brûle mon sang.

[D'une voix tremblante.

Gunther, quel nom a ta sœur ?

Gunther

Gutrune.

Siegfried

Les bonnes Runes,
en son regard puis-je lire ?

[Il saiſit paſſionnément la main de Gutrune.

A ton frère je me suis voué.
Trop fier, il s'en défend.
Vas-tu tromper aussi mon vœu
si je me voue à toi ?

*[Gutrune rencontre involontairement le regard de
Hagen. Elle baiſse modeſtement la tête, laiſsant
voir par son attitude qu'elle ne se juge pas digne
de Siegfried, et sort en chancelant. Siegfried,
observé par Hagen et Gunther, la regarde sortir
d'un œil ébloui.*

N'as-tu, Gunther, de femme ?

LE CRÉPUSCULE DES DIEUX

Gunther

Seul suis-je encor
et d'être époux loin de moi fuit
   l'espoir,
car celle dont j'ai désir
rien ne peut me la gagner.

Siegfried
*à Gunther
vivement.*

Qu'est-il d'impossible ?
Suis-je point là ?

Gunther

Le roc altier la prit.

Siegfried

Le roc altier la prit ?
surpris, répétant les paroles sans attendre.

Gunther

La flamme rugit autour.

Siegfried

La flamme rugit autour ?

Gunther

Seul qui franchira le feu . . .

Siegfried

Seul qui franchira le feu . . . ?
avec de grands efforts pour préciser un souvenir qui le fuit.

Gunther

A Brünnhilde pourra s'unir.

*[L'attitude de Siegfried quand le nom de Brünnhilde
est prononcé, prouve qu'il a complètement perdu la
mémoire.*

Mais pour moi le roc est sans
   route ;
la flamme rugit pour moi.

*[Siegfried s'éveille de sa rêverie et se tourne vers
Gunther avec une fougue joyeuse.*

Siegfried

Je brave les flammes ;
pour toi soit cette femme !
Ton ami suis-je
et mon cœur est tien.
Je veux être
à Gutrune uni.

LE CRÉPUSCULE DES DIEUX

<table>
<tr><td>Gunther</td><td>Gutrune t'est accordée !</td></tr>
<tr><td>Siegfried</td><td>Brünnhilde va t'échoir.</td></tr>
<tr><td>Gunther</td><td>Va-t-elle être dupe ?</td></tr>
<tr><td>Siegfried</td><td>Par ce heaume aidé
prompt, j'aurai pris ton aspect.</td></tr>
<tr><td>Gunther</td><td>Que nous enchaîne un serment !</td></tr>
<tr><td>Siegfried</td><td>Vœu par le sang joigne nos cœurs !</td></tr>
</table>

[Hagen remplit de vin une corne à boire. Il la présente à Siegfried, puis à Gunther qui, de la pointe de leurs épées, s'entaillent le bras au-dessus de la corne. L'un et l'autre posent deux de leurs doigts sur cette corne, tenue entre eux par Hagen.

Sève de vie,
sang généreux,
tombe en cette boisson !

<table>
<tr><td>Gunther</td><td>Sainte ardeur
des frères unis,
Mêle au vin notre sang.</td></tr>
<tr><td>Tous les deux</td><td>Ferme, je bois à l'ami.
Libre et joyeux,
fleuris entre nous,
vœu qui nous rend frères.</td></tr>
<tr><td>Gunther</td><td>Qui trahit son serment,</td></tr>
<tr><td>Siegfried</td><td>Qui forfait à l'ami,</td></tr>
<tr><td>Tous les deux</td><td>Que son sang versé
clair au breuvage
s'épanche en flots brûlants
pour vengeance à l'ami !</td></tr>
</table>

[Gunther boit et offre la corne à Siegfried.

Gunther

Tel suis-je lié !

[*Siegfried boit à son tour et rend la corne vide à Hagen.*

Siegfried

Tel bois-je, féal !

[*Hagen tranche la corne en deux morceaux. Gunther et Siegfried se tendent la main. Après quoi Siegfried remonte vers Hagen qui, durant le serment, s'est tenu en arrière.*

Siegfried
à Hagen.

Pourquoi ne te joindre à nous ?

Hagen

Mon sang n'est bon pour ce vin ;
point n'est-il pur
comme est votre sang.
Trouble et froid,
morne en moi,
jamais ma joue n'est rouge.
Je dois donc fuir
l'ardeur des serments.

Gunther
à Siegfried.

Laisse ce sombre esprit.

[*Siegfried reprend son bouclier.*

Siegfried

Prompts, au départ !
Ma barque est là :
Vite, nous, à la roche.

[*Il se rapproche de Gunther pour s'entendre avec lui.*
Une nuit, au fleuve,
reste en la barque.
La femme t'y rejoindra.

[*Il s'apprête à partir et fait signe à Gunther de le suivre.*

Gunther

Sans nul repos tu pars ?

Siegfried

Je n'aspire qu'au retour.

[*Il se rend au rivage pour détacher la barque.*

Gunther

Toi, Hagen,
ici fais la garde.

[Gunther suit Siegfried vers le fleuve. Tandis qu'ils déposent leurs armes dans la barque, préparent la voile et vaquent à tous les apprêts, Hagen prend sa lance et son bouclier. Gutrune paraît au seuil de son logis au moment où Siegfried, lançant la barque, la pousse d'un seul coup au milieu du fleuve. Hagen, armé de sa lance et de son bouclier, s'assied à son aise à l'entrée du palais.

Gutrune

Où donc vont-ils si vite ?

Hagen

Chercher Brünnhilde au roc.

Gutrune

Siegfried ?

Hagen

Vois par ce trait,
pour femme s'il te désire !

Gutrune

Siegfried mien !

[Elle rentre, vive et joyeuse.—Siegfried a saisi la rame et fait descendre le courant à la barque. On ne tarde pas à la perdre de vue.

Hagen
*assis, immobile,
contre un des
poteaux de la
salle.*

Je reste à mon guet,
garde du fief,
pour écarter l'ennemi.
Fils de Gibich, bon est le vent
qui mène à l'épouse, l'époux !
Il tient la barre, le fort héros
pour toi s'offrant au péril.
Sa propre femme
il va te livrer.
Moi, j'attends de lui l'anneau !
Allez, fils libres,
têtes légères,
faites donc voile gaîment !

LE CRÉPUSCULE DES DIEUX

Qu'on me méprise ;
on va servir
du Niblung le fils !

*[Un rideau d'avant-scène, qui encadrait le mur du
palais, tombe et dérobe le théâtre aux spectateurs.*

TROISIÈME SCÈNE

*Le rideau se rouvre.—Le sommet du roc des Walkyries, comme au prologue.
Brünnhilde est assise à l'entrée de la grotte, et, muette, absorbée
dans ses pensées, contemple l'anneau de Siegfried. Toute à la douceur
de ses souvenirs, elle le couvre de baisers. Lointains roulements de
tonnerre. Brünnhilde lève les yeux ; elle écoute ; elle se reprend
à contempler l'anneau. Un éclair éblouissant. Elle écoute encore
et scrute des yeux le lointain d'où vient vers le roc une sombre nuée
d'orage.*

Brünnhilde

Un frisson d'autrefois
vient jusqu'à moi du large :
l'espace vibre
au vol d'un coursier ;
à travers la nue il court vers le roc.
Qui dans l'exil vient à moi ?

**La boix de
Waltraute**
au loin.

Brünnhilde !
Sœur ! Dis si tu veilles ?

[Brünnhilde se lève.

Brünnhilde

Waltraute, là !
si doux m'est l'appel !

[Criant vers le fond du théâtre.

C'est toi, sœur ?
Toi. m'oser approcher ?

[Elle court vers la crête du roc.

Dans ce bois qui t'est connu,

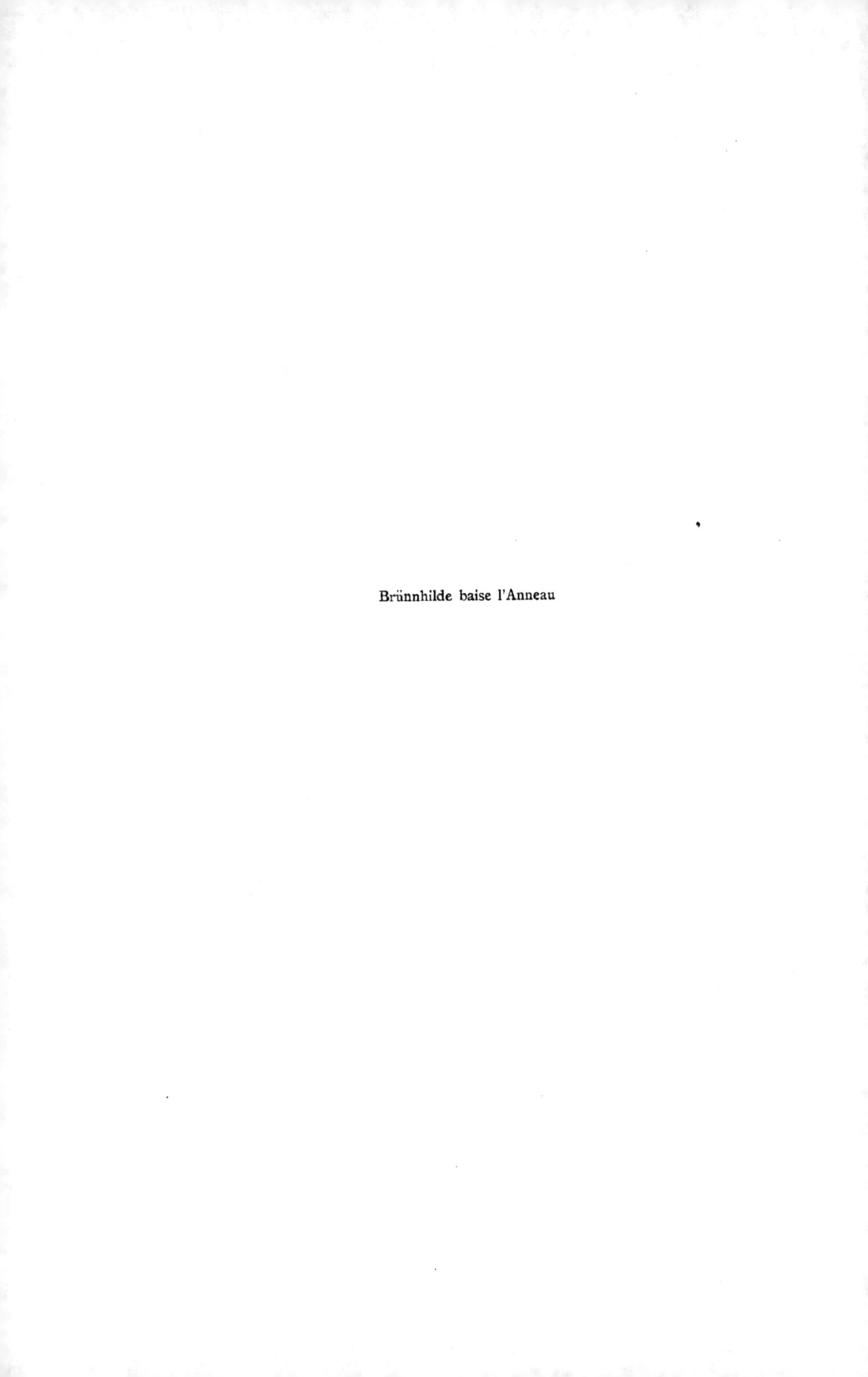

Brünnhilde baise l'Anneau

LE CRÉPUSCULE DES DIEUX

vite descends,
et laisse là ton cheval.

*[Elle se jette dans le bois de sapins d'où monte comme
une rumeur de tempête. Elle reparaît, dans une
vive émotion, avec Waltraute, dont, joyeuse, elle ne
remarque pas la phyſionomie tourmentée.*

Est-ce bien toi ?
Quel cœur as-tu
toi qui sans crainte
Brünnhild viens saluer ?

Waltraute

C'est pour toi qu'ici j'ai volé.

Brünnhilde

Quoi ! oses-tu, dans ta pitié,
enfreindre l'arrêt du père ?
ou plutôt, réponds :
Wotan pour moi
s'est-il fait moins dur ?
Quand, malgré le maître,
Siegmund eut mon aide,
fille coupable,
pourtant son vœu j'ai rempli.
Sa colère est tombée,
je le sais.
Enfermée en un lourd sommeil
s'il m'enchaîna sur ce roc.
S'il me voua, faible, à l'homme,
au passant venu m'éveiller,
ma prière ardente
toucha son cœur.
Un rouge brasier,
entourant le rocher,
au lâche barra le chemin.
Tel mon bonheur
est sorti de ma peine.
L'insigne héros

me prit pour épouse !
En sa tendresse
brûle et chante mon être.

[*Elle embraſſe Waltraute d'une effuſion que celle-ci,
impatiente et craintive, cherche à contenir.*

N'es-tu jalouse de mon sort ?
A mes ivresses veux-tu te joindre,
prendre part à mes joies ?

Waltraute
vivement.

Être complice
d'un délire sans nom !
Un autre plus grave souci
me fait braver la défense.

Brünnhilde

*commençant à
s'apercevoir,
enfin, de la farouche surexcitation de Waltraute.*

Trouble et peur, font ta misère ?
Donc le père s'irrite toujours ?
Tu crains son courroux qui sévit ?

Waltraute
sombre.

Qu'il soit à craindre,
mon tourment trouve sa fin !

Brünnhilde

Quelles énigmes pour moi !

Waltraute

Sois patiente
et m'écoute avec soin.
Au Walhall me ramène l'angoisse
du Walhall qui me chassa.

Brünnhilde
effrayée.

Que font les divins chefs du monde.

Waltraute

Pèse le sens de mes paroles.
Lorsque tu fus partie,
le dieu nous tint hors des batailles.
Plus de règle,
nous chevauchons au hasard.
Au Walhall, loin des héros,
s'en va notre père.

Les corbeaux de Wotan

LE CRÉPUSCULE DES DIEUX

Sur son cheval,
sans repos ni fin,
il parcourt en tous sens l'univers.
Hier, il nous revint ;
dans sa main
il tenait sa lance brisée,
du glaive d'un brave rompue.
Muet, d'un signe,
aux guerriers, il fit à l'instant
le frêne du monde abattre.
Le tronc en pièces,
le bois s'amoncelle
ainsi qu'un bûcher
entourant l'auguste palais.
Les dieux y font leur assemblée.
Au trône sublime il s'assied.
Près de lui se rangent,
tremblants, tous les autres.
En cercle, autour,
la foule immense des braves.
Lui, siège
sans un mot,
sur l'alme trône,
morne, pensif,
l'épieu rompu
serré dans son poing.
Des fruits de Holda
plus il ne veut.
Pâles d'angoisse,
tous les dieux attendent.
Ses corbeaux, noir couple,
vont par le monde.
S'ils rapportaient,
d'heureux messages un jour
lors, encore,
l'ultime fois

il sourirait à jamais !
A ses pieds, en larmes,
nous gisons, Walküres ;
sourd reste le père
à nos plaintes.
Des craintes sans fin,
rongent nos cœurs défaillants.
J'ai sangloté
sur sa poitrine ;
ses yeux ont pleuré.
Il t'évoque, Brünnhilde, toi !
Profond soupir !
L'œil se ferme,
et, comme en rêve,
sortent ces mots :
" Aux pures eaux du fleuve,
si cet anneau, par elle est rendu,
d'anathème, enfin,
se sauvent dieu et monde ! "
Pensive, alors,
quittant la salle,
où tous se taisent,
vite, je pars.
En hâte et sans bruit,
je prends mon cheval ;
je fends l'orage vers toi.
Toi, ma sœur,
écoute-moi :
tout le possible,
le veuille ton cœur.
Sauve les dieux de l'horreur !

[Elle se jette aux pieds de Brünnhilde.

Brünnhilde
calme.

Quel rêve amer, sinistre,
m'a déroulé ton récit !
Du saint nuage

Waltraute conjure Brünnhilde

  couvrant les dieux
  mon cœur trop simple est trop loin.
  J'écoute sans te comprendre ;
  vague et vide
  m'est ton discours.
  En tes regards
  chargés de peine
  vif luit un éclair.
  Ta joue est pâle,
  ô blême sœur,
  qu'attend ton trouble de moi ?

Waltraute
avec violence.
  C'est à ton doigt l'anneau.
  C'est lui :—Suis mon conseil :
  Pour Wotan, jette-le loin !

Brünnhilde
  L'anneau ? moi, loin ?

Waltraute
  Aux flots qu'il retourne à l'instant.

Brünnhilde
  Aux flots rendre
  moi, l'anneau ?
  de Siegfried don d'amour ?
  Es-tu sensée ?

Waltraute
  Cède, vois mon tourment !
  Du monde, en lui
  gît le sûr désespoir.
  Jette la bague
  loin, par les ondes.
  Notre misère s'achève
  si la maudite rentre en les flots.

Brünnhilde
  Ah ! sais-tu ce qu'il est pour moi ?
  Peux tu l'apprendre, fille sans cœur ?
  Plus qu'un Walhall d'ivresse,
  plus que la splendeur des dieux
  m'est cet anneau.
  L'éclat de son or brillant,

l'éclair de son feu jailli,
plus me touchent
que des célestes maîtres
tout le bonheur.
Heureuse, j'y vois
luire que Siegfried m'aime !
Siegfried m'aime !
Oh ! laisse ma joie se répandre !
Elle naît de l'anneau.
Va-t'en vers les dieux
qui tiennent conseil.
Sur mon anneau,
répète-leur ceci :
L'amour est toute ma vie.
Loin d'eux j'en garde le gage.
Tombe en ruines,
Walhall, claire splendeur !

Waltraute

Cœur infidèle !
Quand je pleure,
ma sœur, sans pitié, me délaisse !

Brünnhilde

Quitte ce lieu !
vole à cheval !
Renonce à prendre l'anneau.

Waltraute

Las ! las ! las ! ma sœur !
Dieux, au Walhall, las !

[Elle se précipite au dehors.—Bientôt, du bois de sapins, s'élève une nuée d'orage, avec un bruit d'ouragan.

Brünnhilde
suivant du regard la nuée orageuse, traversée d'éclairs, vite évanouie à l'horizon.

Nue, éclair,
ce vent te pousse
loin de mon roc !
Vers moi ne viens plus jamais !

[Le soir tombe. Dans la profondeur la flamme se fait graduellement plus vive. Brünnhilde contemple l'horizon, paisiblement.

LE CRÉPUSCULE DES DIEUX

L'ombre indécise
tombe aux cimes.
Vive, flambe
la flamme gardienne à leur pied.

[*L'éclat des flammes se rapproche.—Des langues de
feu, de plus en plus ardentes, lèchent le bord du
rocher.*

Pourquoi, grondantes,
bouillonnent ces vagues de feu ?
Vers l'âpre crête
roule le fleuve embrasé.

[*Un cor résonne au fond du théâtre. Avec un tressaille-
ment d'émotion :*

Siegfried !
Siegfried revient !
Son appel monte vers moi !
Là ! là ! que je vole
vers mon seul dieu, à moi !

[*Elle s'élance, exaltée, vers la crête du roc. Des
flammes jaillissent. Siegfried en émerge et saute
sur la saillie d'une haute roche.—Les flammes
s'arrêtent et reculent vers la profondeur. On ne
voit plus que leurs reflets.*

Trahison !

[*Elle recule, terrifiée, jusqu'à l'avant-scène, d'où elle
considère Siegfried dans une stupeur muette. Siegfried a sur le front le tarnhelm qui lui dérobe le
visage, ne laissant que les yeux à découvert. Il a
pris l'aspect de Gunther.*

Qui vient à moi ?

[*Siegfried, toujours au fond, sur la roche, immobile,
appuyé sur son bouclier, regarde Brünnhilde.*

Siegfried
*d'une voix
déguisée, plus
sombre.*

Brünnhilde, un homme est là
qui, des flammes, n'a point peur.
Toi, je te prends pour femme ;
donc fais ce que je veux.

133

LE CRÉPUSCULE DES DIEUX

Brünnhilde
avec un tremble-
ment violent.

Quel est celui qui peut se faire
du plus fort ainsi l'égal ?

Siegfried
comme précédem-
ment.

Le maître qui te tient
par force aura raison.

Brünnhilde

Un sorcier
peut à ce roc venir !
Un aigle qui vole
et veut sa proie !
Quel es-tu, toi, maudit ?
Viens-tu du monde ?
Sors-tu de Hella
pleine de nuit ?

Siegfried
d'un ton d'abord
hésitant mais
qui se raffermit à mesure qu'il parle.

Un Gibichung suis-je
et Gunther est mon nom.
Toi, femme, obéis-moi !

Brünnhilde
éclatant en
désespoir.

Wotan ! farouche dieu,
sans pitié !
Las ! Clair accuse
l'arrêt cruel !
Affront et peine,
c'est tout mon sort !

> [*Siegfried saute de la roche et s'avance.*

Siegfried

La nuit est là ;
au lit nuptial
viens recevoir ton maître.

> [*Brunnhilde lève, menaçante, le doigt où brille l'anneau*
> *de Siegfried.*

Brünnhilde

Non, fuis !
Crains cet emblème !

LE CRÉPUSCULE DES DIEUX

L'outrage reste impuissant.
Du mal, l'anneau me défend.

Siegfried

Droit d'époux naisse pour Gunther !
Par l'anneau sois sous sa loi.

Brünnhilde

Va-t'en, infâme,
lâche voleur !
Et n'ose de moi t'approcher !
Mieux qu'un acier
m'arme l'anneau.
Non, perds tout espoir.

Siegfried

Je vais te le prendre
puisqu'il le faut.

*[Il s'élance sur elle ; ils luttent : Brünnhilde lui
échappe, s'enfuit et se retourne pour se défendre.—
Siegfried la reprend une seconde fois ; elle s'enfuit
encore ; il la reſaiſit. La lutte redouble de violence.
Il s'empare de sa main et arrache du doigt l'anneau.
Brünnhilde pouſse un cri terrible. Comme briſée,
elle tombe dans ses bras. Involontairement, son
regard rencontre les yeux de Siegfried. Siegfried
la laiſse gliſser sans force sur le banc de pierre, à
l'entrée de la grotte.*

Siegfried

Vois, c'en est fait !
C'est Gunther ton époux ;
vers ton réduit, guide-moi !

Brünnhilde
*regardant
devant elle,
épuiſée.*

Que peut ta faiblesse,
ô pauvre femme !

*[Siegfried, d'un geſte impérieux, la force à se relever.
—Tremblante, d'un pas chancelant, elle regagne
son réduit.—Siegfried tire son épée.*

LE CRÉPUSCULE DES DIEUX

Toi, Nothung, sois témoin.
Tout est loyal ici.
Gardant la foi due au frère,
elle et moi, sépare-nous !

[Il suit Brünnhilde.

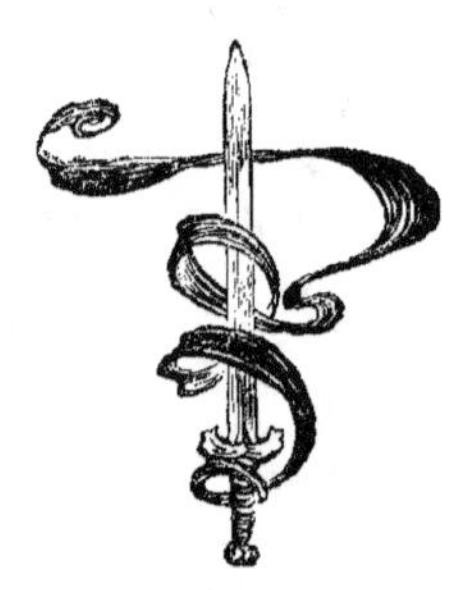

ACTE II

PREMIÈRE SCÈNE

*Au bord du Rhin, devant le palais des Gibichungs. A droite, l'entrée
ouverte du palais ; à gauche la rive du fleuve d'où monte, en travers
de la scène, une hauteur rocheuse, sillonnée de plufieurs sentiers, dirigés
vers la droite, au fond du théâtre. Là, et se drefsant sur le même
plan, une pierre sacrée en l'honneur de Fricka et une autre en
l'honneur de Donner. Entre les deux, mais plus haut, une pierre
plus grande en l'honneur de Wotan.—C'eft la nuit.—Hagen, la
lance au bras, le bouclier contre son flanc, eft affis et dort adofsé à un
pilier du palais.—La lune jette, tout à coup, une vive lueur sur lui
et sur ce qui l'entoure immédiatement. On voit Alberich accroupi
devant le dormeur aux genoux duquel il appuie ses bras.*

Alberich
à voix bafse.

Dors-tu, Hagen, mon fils ?
Tu dors et restes sourd
à l'être sans sommeil ?

Hagen
*à voix bafse,
semblant toujours dormir, bien qu'il ait les yeux ouverts.*

Va, je t'entends, alfe sombre.
Que viens-tu, quand je dors, me dire ?

Alberich

Apprends quel pouvoir
tu peux attendre,
si tu es brave,
toi qu'ainsi ta mère enfanta !

Hagen
comme précédemment.

Si d'elle j'eus du cœur
lui dois-je rendre grâce
d'avoir cédé à ta ruse ?

137

LE CRÉPUSCULE DES DIEUX

Tôt vieux, laid, blafard,
je hais la joie,
triste à jamais !

Alberich
*toujours même
jeu que plus
haut.*

Hagen, mon fils,
Haine aux joies !
Moi, sombre, chargé de peine,
tu m'aimes comme tu dois.
Toi, robuste,
brave, adroit,
ceux que dans l'ombre poursuivent nos
coups,
vois quelle détresse leur vient.
Le ravisseur de l'anneau,
Wotan, voleur plein de rage,
par sa propre race
se vit abattre
et le Wœlsung lui prit
puissance et vigueur.
Avec lui, l'auguste engeance
attend, tremblante, sa chute.
Du dieu plus d'effroi ;
tous ensemble s'abîment !
Dors-tu, Hagen, mon fils ?

Hagen
*gardant son
attitude.*

La force des dieux
qui va l'avoir ?

Alberich

Moi et toi !
A nous l'univers
si sur ta foi je puis compter,
si même fureur nous tient.
Wotan vit sa lance rompue
quand Fafner, le monstre, avait succombé.
L'anneau est aux mains de l'enfant ;
toute puissance est son partage ;

Alberich déclare son amour à Grimhilde, mère d'Hagen

LE CRÉPUSCULE DES DIEUX

Walhall et Niebelheim tremblent sous
lui.
L'anathème s'écarte
du brave sans peur.
De l'anneau il ne sait le prix
et vain reste à son doigt le joyau.
Rieur, il laisse l'amour
brûler sa vie sans fin.
Sous nos efforts il faut qu'il succombe !
Dors-tu, Hagen, mon fils ?

Hagen
*comme précédem-
ment.*

Lui-même, à le perdre
m'aide déjà.

Alberich

Le cercle d'or, l'anneau,
sache le prendre !
Une femme vit,
toute au Wœlsung vouée.
Sur son conseil, s'il vient au fleuve
vers les filles qui jadis m'ont trompé
et qu'il leur rende l'anneau,
ma perte est sans espoir :
nulle ruse n'y ferait rien.
Donc, sans relâche,
veille à l'anneau !
Vaillant t'ai-je fait à mon gré
pour qu'au héros tu sois redoutable,
mais fort pas assez
pour vaincre un dragon
aux seuls coups du Wœlsung promis !
De male haine.
Je t'ai nourri,
et j'attends ma vengeance.
Reprends l'anneau sur le Wœlsung
à Wotan fais honte!

LE CRÉPUSCULE DES DIEUX

Jures-tu,
Hagen, mon fils ?

[A partir de ce moment, l'obscurité s'épaissit de nouveau
autour d'Alberich.—L'aube en même temps com-
mence à poindre au fond.

Hagen
toujours immobile.

L'anneau, va, j'y touche !
Sois en repos.

Alberich

Jures-tu
Hagen, mon fils ?

[A mesure qu'Alberich disparaît, sa voix se fait plus
faible.

Hagen

Je me jure.
Trêve à tes craintes !

Alberich

Du cœur, Hagen, mon fils,
sois fidèle !
Du cœur ! Du cœur ! Va !

[Alberich a disparu tout à fait.—Hagen, toujours
dans la même attitude, considère d'un regard fixe
le Rhin où grandit la clarté de l'aurore.

DEUXIÈME SCÈNE

La lumière brille sur le Rhin de plus en plus vive.—Hagen tressaille.—
Siegfried survient brusquement tout près de la rive, en arrière d'un
buisson.

Siegfried

Hoi-ho ! Hagen !
Homme las, c'est moi.   J'arrive.

[Il a repris ses traits véritables, mais le tarnhelm
est encore sur son front ; il l'en retire et, sans
s'arrêter, le pend à sa ceinture.

Jures-tu, Hagen, mon fils ?

LE CRÉPUSCULE DES DIEUX

Hagen
*se levant sans
hâte.*

Hé ! Siegfried !
Héros rapide !
D'où nous tombes-tu ?

Siegfried

Du roc enflammé !
J'en viens d'une haleine ici
où sonne ma voix
—Si prompt fut mon retour !
Plus lentement suit le couple.
L'esquif l'amène à vous.

Hagen

Conquise, Brünnhilde ?

Siegfried

Mais Gutrune ?

Hagen
*appelant vers le
palais.*

Hoi-ho ! Gutrune !
Hâte-toi ! Siegfried est là.
Que tardes-tu ?

Siegfried
*retournant vers
le palais.*

Je vais vous dire
Comment Brünnhild vint.

[*Gutrune sort de la salle et s'avance.*

Fais bon visage,
fille de Roi,
à qui t'apporte du bonheur.

Gutrune

Freia soit pour toi
au nom des femmes propice !

Siegfried

Libre et douce
ici sois ma joie !
Pour femme aujourd'hui je te prends.

Gutrune

Alors, Brünnhilde suit mon frère ?

Siegfried

Vite ils se sont fiancés.

Gutrune

Sauf de la flamme il sortit ?

Siegfried

Lui n'en a pu rien souffrir,

pour lui c'est moi qui passai.
De ma foi c'est bien le gage ?

Gutrune

La flamme t'épargna ?

Siegfried

Joyeux me rendait le brasier.

Gutrune

Donc Brünnhilde
crut voir Gunther ?

Siegfried

Oui, j'avais pris ses traits ;
le tarnhelm l'a permis.
Par Hagen, j'eus ce conseil.

Hagen

C'était un bon avis.

Gutrune

Tu domptes la fière femme ?

Siegfried

Non.—C'est Gunther seul.

Gutrune

Tu l'épouses en son nom ?

Siegfried

A l'époux soumise, Brünnhilde
reste ainsi durant une nuit.

Gutrune

Mais l'époux n'est-ce donc toi ?

Siegfried

A Gutrune seule est Siegfried.

Gutrune

En ta couche veille Brünnhilde ?

Siegfried

Entre l'Ouest et l'Est,

[Montrant son épée.

le Nord !
Si près est Brünnhild bien loin.

Gutrune

Comment à Gunther
la remets-tu ?

Siegfried

Par les flammes déjà moins ardentes,
 à l'aube,
de la roche je la conduis au val.

142

LE CRÉPUSCULE DES DIEUX

Au bord du Rhin,
prompt, je laisse place
à Gunther tout seul.
Par la vertu du heaume
vite j'arrive ici.
Un vent très vif conduit,
les tendres amants vers nous.
Donc tout soit prêt pour l'accueil!

Gutrune

Siegfried ! homme si fort !
Quel trouble tu mets en moi !

Hagen
qui s'est avancé vers la rive.

Au lointain paraît une voile !

Siegfried

Rends grâce au messager !

Gutrune

Tous faisons pour Brünnhilde fête,
et qu'elle soit chez nous heureuse !
Toi, Hagen,
fais l'appel de joie aux hommes,
qu'ils soient présents aux noces !
Femmes joyeuses
aussi j'aurai.
A mon bonheur qu'elles aient part !
[Elle marche du côté du palais et se retourne vers
Siegfried.—A Siegfried :
Es-tu las, froid héros ?

Siegfried
lui offrant la
main et la suivant vers le palais.

Pour t'aider
me voici.

TROISIÈME SCÈNE

*Hagen eſt monté sur une haute roche au fond du théâtre.   De là, il souffle
dans sa trompe.*

Hagen

Hoi-ho ! Hoi-ho ! hoi-ho !
Les hommes d'armes,
tous debout ! Tous !
Las ! Las !
Armes ! Armes !
Armes partout !
Bonnes armes !
Fortes armes !
Durs tranchants !
Urgence est là !
Urgence ! Las ! Las !
Hoi-ho ! Hoi-ho ! Hoi-ho !

*[Des trompes sonnent, à droite et à gauche, au fond
du théâtre.—Hagen, toujours dans la même attitude
sur le rocher, souffle de nouveau dans la sienne.—
Les hommes entrent en scène.*

Un homme*

Que veut ce cor ?

Un autre

Pourquoi cet appel ?

D'autres

Pourquoi cet appel.
Nous sommes en armes !
Hagen ! Hagen !
Hoi-ho ! Hoi-ho !
Quelle urgence est là ?
Qui doit-on frapper ?
Qui fond sur nous ?
Où Gunther est-il ?
Court-il un danger ?

* *Les paroles et les interjeƈtions de ce grand ensemble
concertant ne peuvent être complètement traduites que
sous la muſique.*

144

LE CRÉPUSCULE DES DIEUX

Pour qui craint-on ?
Tranchants sont nos fers !
Hoi-ho ! Hoi-ho !
Hagen ! . . .

Hagen
toujours sur le rocher.

Tous, soyez prêts :
Aucun retard !
Gunther vers nous revient ;
une femme à lui s'unit.

Les hommes

Est-ce un péril ?
Qui le combat ?

Hagen

Puissante est la femme
qu'il mène ici.

Les hommes

A-t-il des parents
lancés à sa suite ?

Hagen

Seul il vient à nous :
nul ne suit.

Les hommes

Il tint tête au danger ?
Il fit fuir l'agresseur ?
Parle donc !

Hagen

Celui qui tua le dragon,
Siegfried le fier
fut son sauveur.

Un homme

Alors quel recours à notre aide ?

Un autre

Qu'a-t-on besoin de nous ?

Hagen

Maints taureaux forts qu'on abatte :
qu'au lieu saint coule
pour Wotan leur sang.

Les hommes

Puis, Hagen
que nous ordonnes-tu ?

145

LE CRÉPUSCULE DES DIEUX

Hagen

Qu'un sanglier s'immole
pour plaire à Froh ;
Que le bouc le plus grand
tombe pour Donner ;
Meurent des agnelles pour Fricka
qui donne bon mariage !

Les hommes
*d'une gaieté
croissante.*

Mortes les bêtes,
de nous qu'attends-tu ?

Hagen

La corne à boire.
Vous tendent les chères femmes
avec hydromel
et joyeux vin !

Les hommes

La corne à la main
quel est notre devoir ?

Hagen

Ferme, buvez
jusqu'à pleine ivresse,
pour que les dieux, en leur gloire,
au noble hymen soient propices !

[*Les hommes éclatent bruyamment de rire.*

Les hommes

Joie et bonheur
nous sont promis
si Hagen le sombre
s'amuse si bien !
Le houx des bois
n'a plus d'épines ;
en héraut de noces *
on l'a changé.
Joie et bonheur
nous sont promis

* Var.: *Il y a ici un jeu de mots intraduisible. Hagedorn (l'aubépine), reproduit le nom de Hagen en la défigurant et s'applique au personnage comme un surnom.*

146

si Hagen le sombre
s'amuse si bien !

[*Hagen jusque-là reſte très grave, descend de la roche
et vient au milieu des hommes.*

Hagen

Cessez de rire,
braves Leudes !
Voici votre Reine
Brünnhilde avec son époux.

[*Il indique aux guerriers un point du rivage—les uns
graviſsent la roche ; les autres se groupent sur la
berge pour voir ceux qui arrivent. Hagen
s'approche de quelques-uns d'entre eux.*

Hagen

Pour son service,
tous, soyez prêts.
Vienne un affront,
prompt, qu'on la venge !

[*Il se dirige lentement vers le fond, sur le côté.
Presque auſſitôt, arrive sur le Rhin la barque
qui porte Gunther et Brünnhilde.*

Un homme
sur la roche.

Los ! †

[*Tous ceux qui épient sur la hauteur descendent au
rivage.*

Les hommes

Los ! Los ! Joie !
Los ! Los !

† Var. : *Partout où se trouve, en français, l'ex-
clamation " Los ! " on peut, à l'exécution, si l'on y voit
quelque avantage, subſtituer le mot : " Gloire."*

QUATRIÈME SCÈNE

*Gunther et Brünnhilde débarquent. Gunther conduit gravement Brünnhilde
en la tenant par la main. Les hommes se rangent avec respect sur
leur passage.*

Les hommes

Los à Gunther !
Los ! Los à l'épousée !
Los à Gunther !
Los à tous les deux !
Joie ! Gloire !

*[Ils frappent bruyamment sur leurs armes.—Gunther
présente Brünnhilde, très pâle, les yeux baissés.*

Gunther

Brünnhild, l'auguste femme.
Vient sur le Rhin régner.
Si noble épouse
ne fut au monde.
La race qui fleurit ici,
grâce aux divines faveurs,
d'insigne gloire
va resplendir.

Les hommes
*frappant solen-
nellement sur
leurs armes.*

Gloire à toi !
Joie à l'heureux époux !

*[Gunther guide vers le palais Brünnhilde, dont les
yeux sont toujours baissés.—Du palais, au même
instant, sortent Siegfried et Gutrune, accompagnée
de femmes.—Gunther s'arrête près du seuil.*

Gunther

Salut, fidèle héros ;
Salut, sœur si douce !
Je vois ton bonheur d'être à
l'homme
qui pour épouse t'obtint.
Voici deux couples
dignes d'envie :

[Il conduit Brünnhilde plus en avant.

LE CRÉPUSCULE DES DIEUX

Brünnhild et Gunther ;
Gutrune et Siegfried.

*[Brünnhilde, effrayée, lève les yeux et voit Siegfried.
Elle le regarde avec surprise.—Gunther, qui a
laiſſé brusquement la main de Brünnhilde, reſte
immobile d'étonnement, ainſi que tous les spectateurs.*

Deux hommes
bas.

Qu'a-t-elle ?

Deux autres
de même.

Qu'a-t-elle ?

Six autres

Est-ce folie ?

*[Brünnhilde commence à trembler.—Siegfried fait
quelques pas vers elle.*

Siegfried

Ses yeux que fixent-ils ?

Brünnhilde
ne pouvant plus se dominer.

Siegfried—là . . . Gutrune . . . ?

Siegfried

Sœur bien chère à Gunther,
elle est mienne.
Tu es à lui.

Brünnhilde
*d'une violence
terrible.*

Moi ? . . . Gunther ? . . . Tu mens !

*[Elle chancelle et va tomber à la renverse.—Siegfried
la soutient.*

Mon œil s'obscurcit.

*[Presque défaillante dans les bras de Siegfried et le
regardant.*

Siegfried . . . me trahit ?

Siegfried
à Gunther.

Gunther, ton épouse souffre !

[Gunther s'approche.

Siegfried
à Brünnhilde.

Reviens à toi :
c'est ton fidèle.

*[Brünnhilde reconnaît l'anneau au doigt de Siegfried
et pouſſe un cri terrible.*

Brünnhilde

Ah ! . . . l'anneau . . .
à cette main !
Lui ? . . . Siegfried ? . . .
[*Hagen rejoint les hommes au fond du théâtre.*

Des voix d'hommes

Eh ! quoi ?—Eh ! quoi ?

Hagen
aux hommes.

Ouvrez l'oreille,
écoutez sa plainte !

Brünnhilde
*cherchant à
dompter son
effroyable
émotion.*

Un anneau brille
là, sur ton doigt ;
ta main l'usurpe ;
il me fut pris
[*Montrant Gunther.*
par cet homme !
Comment de sa main
l'anneau te vint-il ?
[*Siegfried confidère attentivement la bague à son doigt.*

Siegfried

L'anneau ne me vient pas de lui.

Brünnhilde
à Gunther.

Toi qui m'as pris l'anneau
par qui je suis à toi,
proclame donc ton droit
et ressaisis ton gage.

Gunther
*dans un grand
embarras.*

L'anneau ? . . . Il l'eut d'un autre.
Mais le connais-tu bien ?

Brünnhilde

Où caches-tu la bague
dont tu fis ta proie ?
[*Gunther se tait, profondément anxieux.*

Brünnhilde
*se redreſsant
furieuse et
déſignant Sieg-
fried.*

Ah ! c'est lui seul,
lui qui m'a ravi l'anneau.
Siegfried !
O fourbe voleur !
[*Tous, angoiſsés, regardent Siegfried comme abſorbé
dans la contemplation de l'anneau et perdu dans
ses réflexions.*

LE CRÉPUSCULE DES DIEUX

Siegfried

D'aucune femme
n'ai-je cet or ;
sur nulle femme
n'ai-je conquis tel bien.
Bien vrai, il fut d'un combat le prix
devant Neidhöl où, sous mon fer,
le puissant dragon a péri.

Hagen
*s'avançant entre
eux.*

Brünnhild, noble cœur,
si tu connais l'anneau
et si de toi Gunther l'eut,
il est à lui
et Siegfried l'acquit par un dol ;
or, qui fut fourbe
doit justice !

Brünnhilde
*dans une poi-
gnante expreſſion
de douleur,
haletante.*

Mensonge ! Mensonge !
Dol lâche entre tous !
O traître ! ô traître
comme jamais il n'en fut !

Gutrune et les
femmes

Un traître ? Qui donc ?

Brünnhilde

Dieux sublimes,
Maîtres célestes,
est-ce le fruit de vos desseins ?
Dois-je connaître
des maux inconnus ?
Est-ce un outrage
qu'une autre ait subi ?
Soit ma vengeance
aussi sans pitié !
Brûle ma rage
sans s'éteindre jamais !
Prenne Brünnhild
un cœur impassible !

LE CRÉPUSCULE DES DIEUX

Que je l'écrase,
lui, le trompeur.

Gunther

Brünnhild, ma femme,
calme-toi.

Brünnhilde

Va-t'en, ô traître,
dupe toi-même !
Sache donc, peuple,
que lui,
non l'homme là,
est mon époux !

Les femmes

Siegfried ?
De Gutrun l'époux ?

Brünnhilde

Il m'a soumise
au charme d'aimer.

Siegfried

De ton honneur
fais-tu litière ?
La langue qui m'accuse,
ne dois-je ici la confondre ?
Dites si je suis sans foi !
Vœu par le sang
m'a de Gunther fait frère.
Nothung, ma bonne épée,
tint le serment sacré.
Sa lame fut l'obstacle
placé entre elle et moi.

Brünnhilde

Héros trop rusé,
comme tu mens !
Mal as-tu pris
ton glaive à témoin.
Si j'en connais la lame,
mieux vis-je la gaine
où sommeillait si bien

LE CRÉPUSCULE DES DIEUX

sur le mur
Nothung, fidèle amie,
lorsqu'aimante
je fus sous ton joug.

[*Hommes et femmes se mêlent dans une vive agitation.*

Les hommes	Quoi ! Est-ce un parjure ? Traître à l'honneur de Gunther ?
Les femmes	Est-ce un parjure ?
Gunther	L'affront m'accable ; honte est sur moi, si tu n'opposes rien à ses cris !
Gutrune	Fourbe, Siegfried ! Est-ce donc vrai ? Démontre qu'à faux elle a parlé !
Des hommes	Parle bien haut, si tu es pur !
D'autres	Qu'elle se taise !
Les premiers	Fais le serment !
Siegfried	Contre sa plainte je vais jurer : Qui n'a point peur pour son arme ici ?
Hagen	Prends mon fer de lance j'ose l'offrir : qu'il soit gardien du serment !

[*Les hommes forment le cercle autour de Siegfried et
de Hagen.—Hagen présente sa lance. Siegfried
pose deux doigts de sa main droite sur la pointe.*

Siegfried	Clair épieu, arme très sainte

153   U

fais droit aux justes paroles !
Sur ta pointe vive
fais-je serment :
Pointe, sacre mon vœu !
Où peut ton fer m'atteindre,
perce ma chair ;
où la mort sur moi peut fondre
fonds sur mon corps,
si cette femme dit vrai,
si j'ai au pacte manqué !

[*Brünnhilde entre en furie dans le cercle, arrache la
main de Siegfried de la lance et en saisit la pointe.*

Brünnhilde

Clair épieu,
arme très sainte,
fais droit aux justes paroles !
Sur ta pointe vive,
fais-je serment :
Pointe, sacre mon vœu !
Je voue ici ton fer
pour qu'il le frappe ;
Le tranchant en soit béni
pour qu'il le perce,
celui qui rompit ses serments,
ce traître qui ment encor !

Les hommes

Viens, Donner,
roule ta foudre !
Étouffe leurs âpres fureurs !

Siegfried

Gunther, veille à ta femme
qui ment et t'ose insulter.
Laisse en paix guérir
la fauve fille du roc ;
que sa sauvage humeur s'apaise !
Crois qu'un sorcier
empli de fiel,
contre tous deux l'excita !

LE CRÉPUSCULE DES DIEUX

Vous, hommes,
loin tenez-vous,
loin des aigres clameurs !
La fuite vaut beaucoup mieux
dans ces batailles de cris.

[S'approchant de Gunther.

Vrai, j'enrage plus que toi
qu'elle ait mal pris le change.
Le tarnhelm, j'en ai peur,
laissa percer mes traits . . .
Rancœur de femme
passe bientôt :
D'être ici ton épouse
trop heureuse vas-tu la voir.

[Il se retourne vers les hommes.

Vite, les hommes !
Tous au banquet !

[Aux femmes.

Leste, aux noces
qu'aident les femmes !
Rires joyeux
sonnent partout !
Palais et bois
gai sans mesure
vont me voir aujourd'hui.
Qui d'amour se charme,
suive mon ivresse ardente
pour m'égaler en bonheur !

*[Siegfried enlace, dans un mouvement de joyeux
abandon, la taille de Gutrune et rentre avec elle
dans la salle. Les hommes et les femmes se joignent
à eux, gagnés par leur joie.—La scène est bientôt
vide. Seuls, Brünnhilde, Gunther et Hagen sont
restés.—Gunther, dans un trouble profond et agité
d'une humeur terrible, s'est assis à l'écart et se cache
le visage.—Brünnhilde, debout à l'avant scène, a
suivi d'un regard de douleur Siegfried et Gutrune.
Maintenant elle baisse la tête.*

CINQUIÈME SCÈNE

Brünnhilde
*absorbée en ses
sombres pensées.*

Quelle affreuse ruse
est là cachée ?
Quel sorcier pervers
a tout conduit ?
Où est ma science
contre tel trouble ?
Que peuvent mes Runes
dans cette énigme ?
Ah ! Larmes ! Larmes !
Las ! Ah ! Las !
Toute science
je lui donnai.
En son pouvoir
serve je suis.
En ses liens
il tient la captive,
que, blême,
pleurant de honte,
en joie, le maître céda.
Qui m'offre à présent son fer
afin de trancher mes liens ?

Hagen
*s'approchant de
Brünnhilde.*

Espère en moi,
ô pauvre femme !
L'acte félon
je veux venger.

Brünnhilde
regardant d'un œil morne.

Sur qui ?

Hagen

Sur Siegfried
qui te trompa.

Brünnhilde

Sur Siegfried ? toi ?

[*Avec un sourire amer.*

Hagen jure de venger Brünnhilde

LE CRÉPUSCULE DES DIEUX

                Un seul regard
            de ses yeux pleins de flammes
            dont, même au visage d'emprunt,
                put l'éclair m'éblouir
                à néant mettrait
                    toute ta force !

Hagen
                    Pourtant ma lance
                    tient son parjure ?

Brünnhilde
                    Foi, parjure,
                    qu'importe ici !
                    Plus fort que toi
                doit brandir ta lance
                pour s'attaquer au héros.

Hagen
                Bien sais-je Siegfried
                    fort entre tous,
            dans les combats invincible.
                N'aurai-je de toi
                    un bon avis
            pour en pouvoir triompher ?

Brünnhilde
                        Traîtrise !
                    Lâche marché !
                    Tout ce que l'art
                    put m'enseigner
            à l'abri du mal mit son corps.
        Sans qu'il s'en doute, mes charmes sûrs
        de toute atteinte l'ont fait sauf.

Hagen
            Alors nul ne peut l'atteindre ?

Brünnhilde
                    En lutte, non ! . . .
            Mais frappe, au contraire, au dos.
                Oncques il n'a fui
                    nul ennemi ;
            jamais il n'a tourné la tête ;
            son dos est hors de mes charmes.

LE CRÉPUSCULE DES DIEUX

Hagen

Et là vais-je frapper !

[*Il quitte Brünnhilde et viens rapidement ver.
Gunther.*

Eh ! Gunther,
noble Gibichung,
là est ta forte femme :
Que restes-tu en pleurs ?

Gunther
*avec un sursaut
de douleur.*

O honte ! Opprobre !
Deuil sur moi
le plus navré des hommes !

Hagen

L'affront t'étouffe,
oui, je sais !

Brünnhilde
à Gunther.

O lâche et vil !
Faux compagnon !
L'ombre d'un brave
est ton abri ;
le prix de sa gloire
tu le lui voles !
Race indigne,
basse à jamais,
qui d'un tel lâche s'accrut !

Gunther
hors de lui.

Un fourbe, moi,
moi qu'on trompe !
Un traître, moi,
moi, victime !
Rompus soient mes os !
Broyé soit mon cœur !
Toi, Hagen,
sauve ma gloire !
Pense à ta mère ;
tous deux sommes ses enfants !

LE CRÉPUSCULE DES DIEUX

Hagen

      Aucun conseil,
    n'attends nul secours :
Un fait seul—Siegfried meure!

Gunther
pris d'épouvante.

      Siegfried meure ?

Hagen

  Sa mort venge l'affront !

Gunther
*l'œil fixe
devant lui.*

    Vœu par le sang
   règne entre nous !

Hagen

   Le pacte enfreint
   réclame du sang !

Gunther

    L'a-t-il enfreint ?

Hagen

  Puisqu'il t'a trahi !

Gunther

    M'a-t'il trahi ?

Brünnhilde

   Il t'est traître ;
et moi, que tous ont trahie,
  pour mon plein droit
   tout le sang humain
mal paierait votre forfait !
  Mais qu'un seul en mourant
  paie pour les autres !
    Siegfried meure
  puni pour lui-même
     et vous !

Hagen
*se tournant vers
Gunther avec
mystère.*

Qu'il meure . . . pour ton bien.
Quel pouvoir sera le tien
ayant conquis son anneau !
Par sa seule mort tu l'auras.

Gunther
bas.

  De Brünnhild l'anneau ?

Hagen

Du Nibelung l'anneau !

Gunther
soupirant.

Tu veux que Siegfried meure . . . ?

Hagen

Pour tous il faut sa mort !

Gunther

Mais Gutrune, ah !
Elle, l'épouse !
Si son époux par nous meurt,
pourrons-nous braver son deuil ?

Brünnhilde
éclatant de rage.

Qu'a dit ma science ?
Que disent les Runes ?
En telle misère
tout s'éclaircit :
Gutrune est le charme
ravisseur de mon époux.
Deuil en son cœur !

Hagen
à Gunther.

Si sa mort la désole,
que l'acte soit caché.
Joyeux, en chasse
l'aube nous trouve ;
sa fougue loin nous laissa :
un fauve s'est rencontré . . .

Gunther

C'est bien ainsi ! . . . Siegfried tombe !

Brünnhilde

C'est bien ainsi ! . . . Siegfried tombe !

Gunther

Cède l'affront
que je lui dus !

Brünnhilde

Cède l'affront
que je lui dus !

Hagen

Meure par nous
le brave rayonnant.

LE CRÉPUSCULE DES DIEUX

Brünnhilde*

    Foi sainte
qu'il a trahie,
que tout son sang
lave le crime !

Gunther

    O foi jurée
qu'il a trahie,
que tout son sang
lave le crime !

Hagen

    Seul du trésor
je dois être maître,
seul dois-je être maître ! . . .
Donc que la bague
    soit reprise !

Brünnhilde et
Gunther

    Dieu sage
Dieu qui punis,
  toi qui juges
   nos serments,
    Wotan,
daigne nous voir !
Daigne nous voir ! . . .
Fais que l'armée
sainte des dieux
vienne et consacre
le pacte vengeur !

Hagen

    Père des Alfes,
ô roi déchu,
    noir prince,
Niblung hardi,
   Alberich,

  * *Toute cette fin d'acte, à partir de cet endroit, constitue un grand ensemble où les voix se superposent. On donne ici les paroles, autant que possible, conformément à cette superposition.*

LE CRÉPUSCULE DES DIEUX

compte sur moi.
Fais que se lèvent
des Niblungs nombreux
sur qui tu règnes
avec l'anneau !

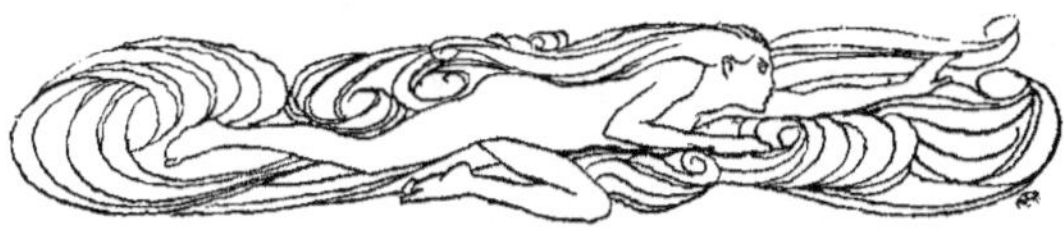

ACTE III

*Une gorge sauvage, rocheuse et boisée, au bord du Rhin qui coule, au fond, au
pied d'un promontoire en forme de falaise abrupte. Les trois filles
du Rhin, Woglinde, Wellgunde et Floſshilde, émergent des flots et
nagent, décrivant des cercles, comme en une sorte de ronde.*

PREMIÈRE SCÈNE

**Les trois Filles
du Rhin**
*modérant leurs
mouvements de
nageuses.*

Soleil joyeux
luit en vives flammes ;
l'ombre est dans l'abîme
qui tant brillait
quand, saint et pur,
aux ondes l'or
régnait splendide !
Rheingold,
Or de feu,
si claire était ta flamme,
astre saint des ondes !

[Elles décrivent de nouveaux circuits en nageant.

Waïa la la lei
waïa la la
laïa laïa
wa la la la lei . . .

*[On entend un cor au fond du théâtre. Elles prêtent
l'oreille. Elles battent l'eau avec des transports
de joie.*

Soleil joyeux
montre-nous le brave
qui doit rendre l'or au fleuve.
S'il nous le rend

163

                    ton œil splendide
                ne nous doit plus faire envie !
                        Rheingold !
                        Or de feu !
                    Si claire était ta flamme,
                    astre saint des ondes !

[Le cor retentit sur le théâtre plus près qu'auparavant.

Woglinde   Son cor retentit.

Wellgunde   Le brave approche !

Flosshilde   Que l'on avise !

[Elles plongent rapidement.—Siegfried apparaît sur la hauteur, tout armé.

Siegfried   Un elfe égare mes pas ;
                je fais ma chasse au hasard.
                Hé ! drôle ! dans quels rochers
                se cache par toi mon gibier ?

[Les trois filles émergent de nouveau et nagent en cercle.

**Les trois Filles
du Rhin**   Siegfried !

Flosshilde   Qui grondes-tu dans le val ?

Wellgunde   A quel elfe en as-tu ?

Woglinde   Est-ce qu'un gnome t'en veut ?

Toutes les trois   Dis-le, Siegfried,
                    dis-le-nous !

Siegfried   Fut-il séduit par vous
les regardant   le fauve compagnon
et riant.   qui vient de me fuir ?
                    S'il vous enchante,
                ô femmes rieuses,
                qu'il soit à vous.

                    [Elles poussent des éclats de rire.

Siegfried et les Filles du Rhin

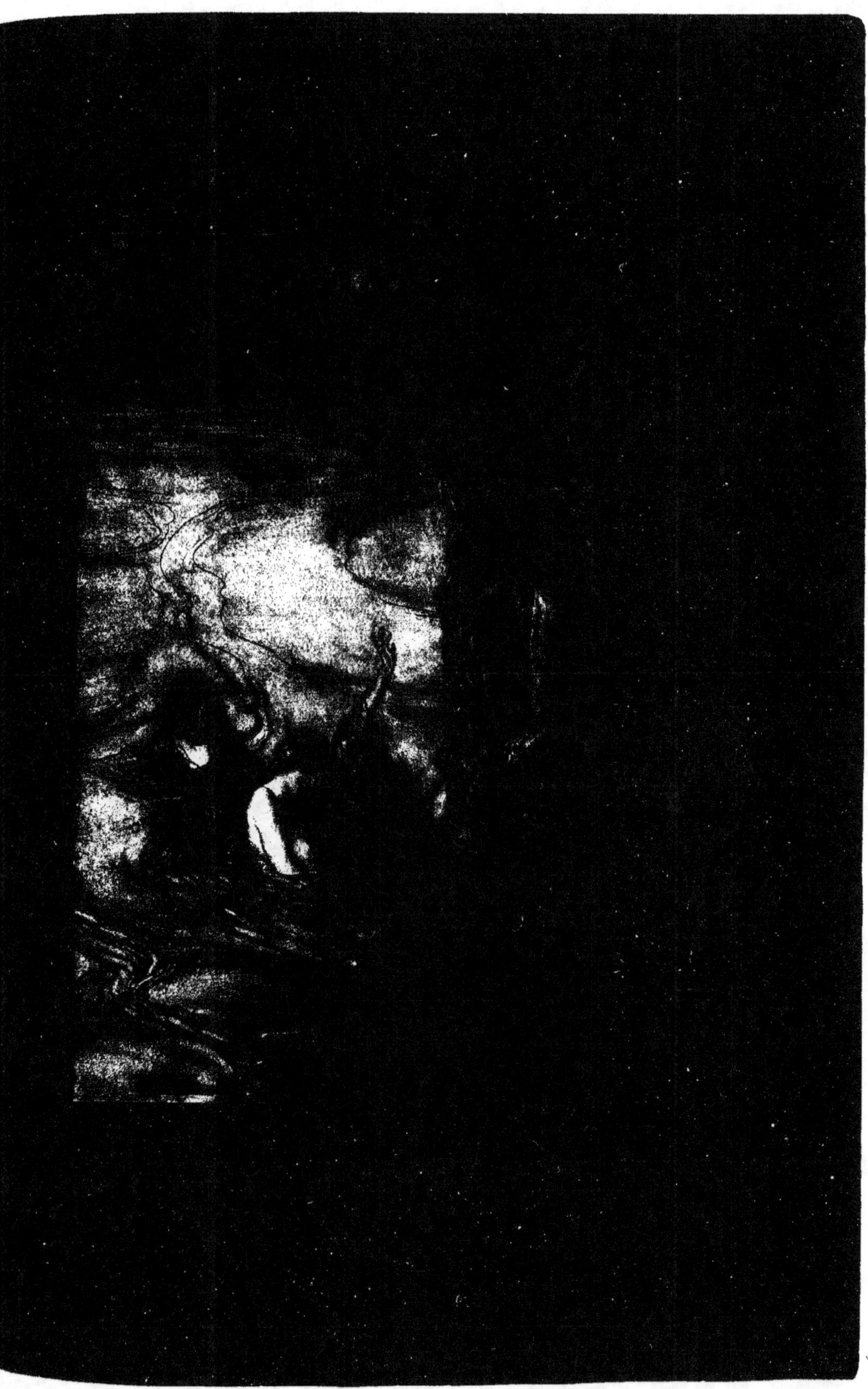

LE CRÉPUSCULE DES DIEUX

Woglinde

Siegfried, que donnes-tu
si l'on te rend ta chasse ?

Siegfried

Je n'ai rien pris encor ;
donc dites ce qui vous plaît.

Wellgunde

Ton doigt fait voir
l'or d'une bague.

Les trois Filles
du Rhin

Oh ! donne !

Siegfried

D'un dragon géant
la mort me la livra.
Pour de mauvaises pattes d'ours
ferai-je pareil marché ?

Woglinde

Si peu donnant !

Wellgunde

Avare à ce point !

Flosshilde

Sache mieux faire
aux femmes leur part.

Siegfried

Pour vous si je suis prodigue
ma femme en aura dépit.

Flosshilde

Elle est méchante ?

Wellgunde

Son bras est lourd ?

Woglinde

Le héros croit le sentir !

[Elles rient avec exubérance.

Siegfried

Riez à votre gré !
Allez, vous n'aurez rien :
L'anneau qui vous séduit,
Moqueuses, n'est pas pour vous !

[Les trois filles se reprennent à nager en cercle.

Flosshilde

Si beau !

LE CRÉPUSCULE DES DIEUX

Wellgunde

Si fort !

Woglinde

D'amour si digne.

Toutes trois

Dommage d'être avare ainsi !

> [*Elles rient et plongent.*

Siegfried
*descendant plus
has vers le fond
de la vallée.*

Pourquoi souffrir
pareil renom ?
N'est-ce pas honteux ?
Si vers la rive
leur jeu revient
l'anneau, je le leur offre.

> [*Appelant.*

Hé ! Hé ! Hé ! Des flots
joyeuses filles !
Venez ! Vous aurez l'anneau.

> [*Siegfried a retiré l'anneau de son doigt et le tient
> élevé en l'air.—Les trois Filles du Rhin émergent
> encore, mais cette fois très graves, l'air solennel.*

Les trois Filles
du Rhin

Conserve-le
et veilles-y,
mais des détresses instruit
qu'en lui tu fais germer,
prompt tu nous viendras, joyeux,
livrer l'or fatal.

Siegfried

Eh ! dites ce secret.

remettant nonchalamment l'anneau à son doigt.

Les trois Filles
du Rhin
*ensemble ou tour
à tour.*

Siegfried ! Siegfried ! Siegfried !
Tristes sont tes destins.
Pour ton malheur
tu gardes l'anneau.
De l'or pur du Rhin
vint ce cercle ardent.
Qui le fit en sa ruse

Les Filles du Rhin supplient Siegfried

LE CRÉPUSCULE DES DIEUX

et qui l'a perdu
l'a maudit jadis
et, par les siècles,
voue à la mort qui le détient !
Comme est mort le monstre,
tu vas mourir,
et, dès ce soir,
c'est là ton destin
si tu ne livres l'anneau
afin qu'au gouffre il revienne.
Seul peut le flot
laver l'or fatal.

Siegfried

Malignes donzelles,
qu'est cela ?
Si je fus froid à vos sourires,
vos menaces font moins encore !

Les Filles du Rhin

Siegfried ! Siegfried !
Suis notre conseil.
Cède ! Fuis l'anathème !
Les Nornes, par la nuit,
le tressèrent
dans le câble
des lois sans fin.

Siegfried

Mon fer rompit un épieu.
Des lois sans fin
le câble éternel
même tressé
de charmes maudits,
Nothung saura bien le rompre !
Un monstre m'apprit
l'anathème, un jour,
sans pouvoir m'apprendre la peur.
[Il contemple l'anneau.

167

LE CRÉPUSCULE DES DIEUX

Le Monde
peut m'être échu par cet anneau :
pour les joies d'amour
j'en ferais don.
Il vous revient si vous m'aimez.
Mais on veut pour mes jours m'effrayer.
N'eût-il, dès lors,
pas le moindre prix,
l'anneau demeure à mon doigt.
Ma vie et mon corps,
oui, tels,
moi, je les jette au loin.

*[Il a ramassé une motte de terre, l'a élevé au-dessus
de sa tête et, sur son dernier mot, il la jette derrière
lui.*

**Les trois Filles
du Rhin**

Loin, Sœurs !
Loin d'un tel simple !
Si sage et si fort
se croit le héros
quand il n'est qu'un aveugle captif !

*[Elles nagent dans une grande agitation, décrivant
de larges courbes, jusqu'au bord même de la scène.*

Maints serments forts
lui sont en oubli,
maintes Runes
le trouvent sourd !
Un noble bien
lui fut donné :
il y renonce
sans savoir ;
mais l'anneau
où sa mort s'inscrit,
l'anneau fatal, il le garde !

Adieu, Siegfried !

LE CREPUSCULE DES DIEUX

La fière femme,
tout à l'heure ton héritière,
nous va bien mieux faire accueil.
Vers elle ! Vers elle ! Vers elle !
[*Elles se groupent et s'éloignent à la nage en chantant :*
Weïa la.   Weïa la lei . . .

Siegfried
les suivant des
yeux avec un
sourire, un pied
posé sur un bloc
de rocher du
rivage et son
menton dans
sa main.

Dans l'onde et sur la terre
bien pareilles sont les femmes.
Qui fuit leurs jolis propos
rencontre leurs menaces
et qui les sait braver
endure leurs aigres cris !
[*Les Filles du Rhin ont complètement disparu.   On*
n'entend plus que leurs voix, qui vont s'affaiblissant.
Pourtant,
si Gutrune n'avait ma foi,
gentilles femmes,
l'une de vous serait vite à moi.
[*Il reste tourné comme pour les voir encore et garde*
la même attitude.—Des cors sonnent au lointain.
La voix de Hagen crie, sur la hauteur : "Hoï-
ho !"—Les cors se répondent.   Siegfried sort
brusquement du rêve qui l'absorbait et réplique
par une fanfare à l'appel entendu.

DEUXIÈME SCÈNE

Voix des Guerriers
hors de la scène.

Hoï-ho !

Siegfried
leur répondant.

Hoï-ho !
Hoï-ho ! Hoï-ho !
[*Hagen paraît sur la hauteur.—Gunther le suit.*

Hagen
apercevant
Siegfried.

Est-ce l'asile
où tu te caches ?
169   Y

LE CRÉPUSCULE DES DIEUX

Siegfried   Descendez ! Là l'ombrage est frais.

*[Les guerriers ont tous débouché sur la hauteur et en
descendent maintenant avec Hagen et Gunther.*

Hagen   Restons ici,
     pensons au repas.
      Laissez vos charges,
     qu'on donne les outres !

*[Le gibier abattu eſt mis en tas.   Tout le monde
s'inſtalle commodément pour le repas.*

Hagen   Nous vîmes l'ours en fuite ;
   on va, sans doute, apprendre
   que Siegfried l'a tué.

Siegfried   Maigre vois-je mon repas :
gaiement.   de votre chasse
      faites-moi ma part.

Hagen   Toi, sans gibier ?

Siegfried   J'ai fait chasse en forêt ;
gibier des eaux seul s'est montré.
 Si j'avais su mieux m'y prendre
  de trois oiseaux des ondes
  j'aurais bien fait ma proie,
qui, là, dans le Rhin, m'apprirent
mon meurtre pour aujourd'hui.

*[Siegfried s'aſſied entre Gunther et Hagen.   Gunther
fait un mouvement d'effroi et jette un regard sombre
sur Hagen.*

Hagen   La triste chasse, vraiment,
   où, chasseur, on est chassé
   par le gibier lui-même !

Siegfried   A boire !

*[Hagen fait emplir une corne à boire et la lui
présente.*

LE CRÉPUSCULE DES DIEUX

Hagen

Certains assurent, Siegfried,
que, quand l'oiseau gazouille
tu sais ce qu'il dit.
Serait-ce donc vrai ?

Siegfried

Bel âge que j'oubliai
sa chanson !

*[Il saisit la corne, se tournant vers Gunther, boit et
lui tend la corne.*

Bois, Gunther, bois :
ton frère attend raison !

*[Gunther, regarde dans la corne à boire avec un
frisson d'effroi.*

Gunther
*d'une voix sourde et
qui s'assourdit de plus en plus.*

D'un flot livide et lourd
ton sang y coule seul !

Siegfried
en riant.

Qu'encor le tien s'y mêle !

*[Il verse une part du contenu de la corne de Gunther
dans la sienne et la fait déborder.*

Tous deux unis débordent.
La terre mère
en ait aussi sa part !

Gunther
avec un profond soupir.

Héros toujours joyeux !

Siegfried
bas à Hagen.

Ainsi Brünnhild le rend ?

Hagen
de même.

La puisse-t-il comprendre
comme toi les chants d'oiseaux !

Siegfried

Des femmes le chant suave
aux chants des oiseaux fit tort.

Hagen

Pourtant tu les compris.

171

LE CRÉPUSCULE DES DIEUX

Siegfried
se tournant
vers Gunther,
avec vivacité.

Hé ! Gunther, homme assombri,
si tu le veux
je t'offre l'histoire
des jours de ma jeunesse.

Gunther

J'y suis tout prêt.

[Gunther et Hagen s'inſtallent auprès de Siegfried
qui, seul, eſt aſſis, le buste droit, plus haut que les
autres, tous étendus au-deſsous de lui.

Hagen

Commence, alors.

Siegfried

Mime fut un gnome hargneux
Par l'envie poussé,
il m'éleva
afin qu'un jour
l'enfant valeureux
lui tuât un monstre, au bois
gardien antique d'un trésor.

Lui-même m'enseigne
comment l'on forge,
mais où le maître
n'a réussi,
l'élève fier
a su faire l'œuvre :
des deux tronçons brisés d'un glaive
fondre un glaive nouveau.

Le fer du père
est reforgé.
Forte et dure
j'ai refait " Nothung."
Bonne au combat
Mime la sent ;
le Nain me conduit au bois.
J'y frappe Fafner, le monstre . . .

LE CRÉPUSCULE DES DIEUX

Or suivez bien
tout mon récit.
Maint prodige s'y montre.
Sur mes doigts
le sang du monstre me brûle ;
je porte aux lèvres ma main . . .
Du sang à peine
ma langue a goûté,
ce que l'oiseau gazouille,
soudain je l'ai compris.

Aux rameaux il chante
et dit :
" Hé ! Siegfried possède
à présent le trésor !
Oh ! si dans cet antre,
il découvre l'or !
S'il y veut ravir le heaume
propice aux exploits enivrants,
et si de l'anneau il s'empare
qui doit lui donner l'univers ! . . ."

Hagen

Bague et heaume,
tu les as pris ?

Un homme

Ton guide plus rien n'ajoute ?

Siegfried

Bague et tarnhelm
sont en mes mains.
J'écoute encore
le chanteur qui gazouille . . .
Posé sur l'arbre,
il dit :
" Hé ! Siegfried possède
le heaume et l'anneau !
Oh ! qu'il se défie
du gnome pervers.

LE CRÉPUSCULE DES DIEUX

> Sans quoi le trésor est à Mime,
> qui guette, trompeur, tous ses pas.
> Dans ses jours le Nain le menace.
> Oh ! veille, Siegfried, à Mime ! . . .''

Hagen

L'avis était bon ?

Quatre Chasseurs

Ton bras paya Mime ?

Siegfried

D'un philtre mortel
il veut m'abreuver ;
lâche, il tremble,
fait voir sa traîtrise . . .
Nothung tombe sur lui.

Hagen
*avec un rire
sarcastique.*

Ce fer qu'il ne fit,
pourtant il en goûte.

[*Hagen fait de nouveau remplir une corne à boire et
y exprime la sève d'une plante.*

Un Homme

Que dit l'oiseau par la suite ?

Hagen
à Siegfried.

Bois donc, brave, et prends ma corne :
j'ai fait ce breuvage pour toi.
Qu'il réveille dans ta mémoire
l'écho des choses lointaines !

[*Il tend la corne à boire à Siegfried. Siegfried,
pensif, regarde le liquide et boit lentement.*

Siegfried

En peine, sous les verts rameaux
j'épiais.
Il chante encor
et dit :

" Hé ! Siegfried, frappa
le plus lâche des nains.
Or pour lui je sais
la femme sans prix.

La mort de Siegfried

LE CRÉPUSCULE DES DIEUX

> Au roc altier elle dort
> dans une enceinte de feu,
> S'il brave ce feu,
> s'il la réveille,
> Brünnhilde, alors, est à lui."

[Gunther écoute avec une surprise grandissante.

Hagen   Tu fais ce que l'oiseau conseille.

Siegfried

> Prompt à le suivre,
> leste, je pars.
> Jusqu'aux rouges feux du roc
> je vais !
> Aux flammes je passe
> et là—ô joie !—

[S'exaltant par degré.

> dort la femme enivrante
> sous une armure qui luit.
> Du heaume lourd
> j'affranchis son beau front.
> Mon baiser l'éveille, vainqueur.
> Oh ! avec quelle ardeur m'étreint
> La belle Brünnhilde en ses bras !

Gunther
*se redresse
épouvanté*
    Qu'entends-je ?

[Deux corbeaux s'envolent d'un buisson, planent au-dessus de Siegfried et s'éloignent ensuite vers le Rhin.

Hagen

> Sais-tu aussi
> ce qu'ont dit ces corbeaux ?

[Siegfried se lève brusquement et regarde les corbeaux, en tournant le dos à Hagen.

> "Frappe ! " Tel est leur cri.

[Hagen enfonce son épieu entre les épaules de Siegfried. Gunther et les hommes se précipitent vers le meurtrier. Siegfried élève de ses deux mains son bouclier au-dessus de sa tête pour écraser Hagen. La force l'abandonne ; le bouclier tombe à la renverse et il s'abat sur le bouclier.

LE CRÉPUSCULE DES DIEUX

Des Guerriers
qui ont vaine-
ment cherché à retenir Hagen.

Hagen ! que fais-tu ?
Hagen ! qu'as-tu donc fait ?

Hagen
désignant
Siegfried.

C'est un traître !

[Hagen s'éloigne lentement.—On le voit gravir la pente escarpée dans la crépuscule qui commence.— Gunther, saisi de douleur, se penche sur Siegfried. —Les guerriers, profondément émus, entourent le mourant. Siegfried, soutenu par deux hommes et mis sur son séant, ouvre des yeux qui étincellent.

Siegfried

Brünnhilde !
Sainte épouse !
Sois libre !
Vois la lumière.
Qui te fait
cet autre sommeil ?
Quel songe t'angoisse si fort ?
Voici l'éveil.
Je baise tes yeux ;
encore je romps toutes les chaînes.
La joie de Brünnhild me rit.
Oh ! ces prunelles
pour toujours vives !
Oh ! cette haleine,
souffle suave !
Douce agonie !
Chère souffrance !
Brünnhild vient jusqu'à moi !

[Il s'affaisse et meurt.—Les assistants demeurent immobiles, accablés.—La nuit est tombée.—Sur un signe de Gunther, les hommes enlèvent le cadavre, l'emportent et l'escortent en un cortège solennel qui gravit la colline rocheuse et gravement s'éloigne. La clarté lunaire traverse les nuages. Elle éclaire de plus en plus vivement sur la falaise la funèbre marche.—Des vapeurs s'élèvent du Rhin ; elles

LE CRÉPUSCULE DES DIEUX

Au roc altier elle dort
dans une enceinte de feu,
S'il brave ce feu,
s'il la réveille,
Brünnhilde, alors, est à lui.''

[Gunther écoute avec une surprise grandiſsante.

Hagen   Tu fais ce que l'oiseau conseille.

Siegfried

Prompt à le suivre,
leste, je pars.
Jusqu'aux rouges feux du roc
je vais !
Aux flammes je passe
et là—ô joie !—

[S'exaltant par degré.

dort la femme enivrante
sous une armure qui luit.
Du heaume lourd
j'affranchis son beau front.
Mon baiser l'éveille, vainqueur.
Oh ! avec quelle ardeur m'étreint
La belle Brünnhilde en ses bras !

Gunther
se redreſse
épouvanté   Qu'entends-je ?

[Deux corbeaux s'envolent d'un buiſson, planent au-
deſsus de Siegfried et s'éloignent ensuite vers le Rhin.

Hagen   Sais-tu aussi
ce qu'ont dit ces corbeaux ?

[Siegfried se lève brusquement et regarde les corbeaux,
en tournant le dos à Hagen.

" Frappe ! '' Tel est leur cri.

[Hagen enfonce son épieu entre les épaules de Siegfried.
Gunther et les hommes se précipitent vers le meur-
trier. Siegfried élève de ses deux mains son bouclier
au-deſsus de sa tête pour écraser Hagen. La force
l'abandonne ; le bouclier tombe à la renverse et il
s'abat sur le bouclier.

LE CRÉPUSCULE DES DIEUX

La Voix de Hagen
*entendue au
dehors, de plus en
plus près.*

Hoï-ho ! Hoï-ho !
Debout ! Debout !
Vite ! Vite !
Des lumières !
Nous rapportons le gibier
Hoï-ho ! Hoï-ho !

*[Gutrune glacée d'effroi en reconnaiſsant la voix de
Hagen, demeure un inſtant immobile.—Le dehors
s'éclaire de lueurs croiſsantes.—Hagen entre dans
la salle.*

Hagen

Viens, Gutrune !
Accueille Siegfried !
Le fort héros
revient chez lui.

Gutrune
pleine d'angoiſse.

Qu'est-ce donc, Hagen ?
Son cor est muet !

Hagen

Le pâle brave
n'y doit plus souffler ;
pour lui plus de chasse
et plus de combat ;
Il quitte l'amour de la femme.

*[Des hommes et des femmes sont entrés accompagnant
en grande confuſion, à l'éclat des torches, les porteurs
du cadavre de Siegfried avec Gunther.*

Gutrune
d'une épouvante redoublée.

Qu'apportent-ils ?

Hagen

D'un cruel sanglier victime,
Siegfried, ton époux, est mort.

*[Gutrune pouſse un cri et s'affaiſse sur le cadavre
qu'on vient de déposer au milieu de la salle, sur
un soubaſsement improvisé. Tous marquent leur
affliction.*

178

couvrent peu à peu la scène entière qui demeure ainsi voilée.—Quand les brumes se sont dissipées, on se retrouve, comme au premier acte, au palais de Gibich.—Nuit.—Clair de lune sur le Rhin.

TROISIÈME SCÈNE

Gutrune
*sortant de son
logis.*

Était-ce lui !

[Elle écoute.

Non ! Il n'est pas rentré
Sombres rêves,
tout sommeil me fuit.
Fauve a henni son cheval ;
d'un rire Brünnhild
m'éveille soudain.
Quelle est la femme
que vers le Rhin j'ai vu marcher ?

J'ai peur de Brünnhilde !
Est-elle là ?

[Elle écoute à la porte de droite et crie :

Brünnhild ! Brünnhild !
Veilles-tu ?

[Elle ouvre doucement la porte et regarde à l'intérieur.

Vide le logis.
C'était donc elle
que vers le Rhin j'ai vu marcher ?

[Elle écoute.

Est-ce son cor ?
Non ! . . Rien !
L'ombre ! . . .

[Elle regarde au dehors avec anxiété.

Vais-je, Siegfried, te voir !

LE CRÉPUSCULE DES DIEUX

Gunther

Laisse de Gutrun l'héritage,
Fils effronté du nain !

Hagen
tirant son glaive.

Il vient du Niblung
et son fils le veut.

[Il se précipite sur Gunther qui se défend. Les hommes s'interposent. Gunther tombe frappé à mort par le glaive de Hagen.

Hagen

A moi l'anneau !

[Hagen va saisir la main de Siegfried, mais celle-ci se dresse menaçante.—Gutrune voyant succomber Gunther a poussé des cris d'effroi. Tous restent immobiles, glacés d'horreur.—A ce moment s'avance Brünnhilde, d'un pas ferme et solennel.

Brünnhilde
du fond de la scène.

Trêve de plaintes,
plus de vains cris !
Par vous tous offensée,
Vengeance ! Place à l'épouse !

[Elle s'avance avec tranquillité.

Vous versez des pleurs
d'enfants sans mères,
privés du lait qui fait vivre ;
mais nul n'a dit
la plainte qu'impose
le plus vaillant héros.

Gutrune
se relevant avec vivacité.

Brünnhilde ! Cœur de haine !
Toi seule as fait tous nos maux !
Toi qui jetas sur lui ces hommes,
sois maudite d'être ici.

Brünnhilde

Pauvre être ! Paix !
Tu n'eus jamais rang d'épouse.
Amante d'un jour
tu lui plus ;

LE CRÉPUSCULE DES DIEUX

Gunther
*s'efforçant de
ranimer Gutrune.*

Gutrune, sœur si chère !
Rouvre ta paupière !
Oh ! parle-moi !

Gutrune
revenant à elle.

Siegfried ! Siegfried sans vie !
[*Elle repousse violemment Gunther.*
Loin ! Frère parjure,
c'est toi qui fis ce meurtre.
A l'aide ! Vite !
Las ! Las !
Par eux mon Siegfried expire !

Gunther

Non, ne m'accuse point.
Accuse seul ce Hagen.
Lui fut le terrible fauve
Qui déchira le héros !

Hagen

M'en voudrais-tu vraiment ?

Gunther

Peine et honte
soient ton partage !

Hagen
*s'avançant d'un
air de défi
farouche.*

Oui donc ! J'ai fait, moi, ce meurtre !
Moi, Hagen
je l'ai frappé !
A ma lance il fut voué
de par son faux serment !
Maître du droit sacré
que le vainqueur exerce,
j'exige ici cet anneau.

Gunther

Arrière ! Il est à moi !
Ta main n'y doit toucher !

Hagen

Vous autres, faites-moi droit !

LE CRÉPUSCULE DES DIEUX

Soleil sans tache
il brille à mes yeux !
Si pur fut l'homme
qui me trahit !
Trompant l'épouse
pour le frère,
de sa propre femme,
seule chérie,
son épée le met loin.
Nul n'a juré
Serments plus fermes !
Nul n'est resté
plus droit en ses pactes !
Plus tendrement
n'aime nul autre.
Pourtant tous les pactes
et les promesses,
l'amour le plus tendre,
nul n'y manque autant !

Qui sait tels secrets ?

[Regardant le ciel.

O vous, gardiens
augustes des pactes
que vos regards
voient fleurir ma douleur !
Voyez votre faute éternelle !
Je me plains à toi,
Suprême dieu !
Par son exploit le plus fier,
tel qu'il plut à ton vœu,
tu l'as livré,
lui, ton héros,
au sort qui t'attend toi-même.

182

LE CRÉPUSCULE DES DIEUX

sa seule épouse, c'est moi,
et j'eus ses serments pour toujours
quand Siegfried, toi, t'ignorait.

<table><tr><td>

Gutrune
*au comble du
désespoir.*

</td><td>

Infâme Hagen !
De toi me vint le philtre
qui lui ravit son époux.
Ah ! Larmes !
Ici j'apprends tout !
Brünnhilde est l'aimée
que, par le philtre, il oublia !

</td></tr></table>

*[Elle se détourne de Siegfried, honteuse, et se jette,
éperdue de douleur, sur le corps de Gunther. Elle
demeure ainsi sans mouvement jusqu'à la fin.—
Hagen est debout, dans une attitude de défi, appuyé
sur sa lance et son bouclier et perdu en ses sombres
pensées, de l'autre côté de la scène.—Brünnhilde,
seule au milieu du théâtre, contemple longuement
le visage de Siegfried. Elle s'adresse, ensuite,
majestueusement, aux hommes et aux femmes.*

<table><tr><td>

Brünnhilde

</td><td>

Qu'un bûcher s'élève, là-bas
dressé sur le bord du Rhin.
Haut et clair
flambe le feu
où le noble corps
du brave sublime brûlera !
Menez-moi son cheval.
Comme moi qu'il suive le maître !
Du héros la gloire suprême
mon propre corps
la veut partager.
Allez ! Brünnhild a dit !

</td></tr></table>

*[Les plus jeunes parmi les hommes dressent un grand
bûcher devant le palais au bord du Rhin pendant
que la scène continue. Les femmes s'empressent à
l'orner et y répandent des branches et des fleurs.*

Brünnhilde s'élance dans les flammes

LE CRÉPUSCULE DES DIEUX

Moi, l'être si pur m'a trahie,
afin qu'une femme comprît.

Sais-je, enfin, ce qu'il faut ?
Toute, toute, toute chose,
toute chose, je sais . . .
De tes corbeaux sacrés
l'aile vibre.
Le tant rêvé message,
qu'ils te l'apportent pour moi.
Dors ! Dors !
ô dieu !

Je prends ici mon héritage.
Anneau maudit,
bague d'horreur.
Ton or est mien,
j'en fais abandon.
Des eaux profondes sages filles,
enfants joueuses du fleuve
grâces soient à votre conseil ;
à vos désirs
je rends cet or.
En mon bûcher
venez le reprendre.
Les flammes, en me brûlant,
sauvent d'opprobre l'anneau !
Vous, dans les flots
qu'il disparaisse !
Sans tache
Gardez l'éclat de l'or

qu'au jour fatal on vous prit.

*[Elle a paſſé l'anneau à son doigt et ſ'eſt tourné vers
le bûcher où le cadavre de Siegfried eſt déjà étendu.
Elle arrache à un homme une grande torche allumée
et la brandit vers l'horizon.*

Corbeaux, vers Wotan !
Faites-lui connaître
les choses dites ici !
De Brünnhild le roc
flamboie encor !
Que votre fuite
guide Loge au Walhall,
car des dieux
la nuit finale descend.
Tel soit embrasé
le Walhall, burg éclatant !

*[Elle lance la torche dans le bûcher, d'où s'élève
auſſitôt une vive flamme. Les deux corbeaux qui
se sont envolés du rivage disparaiſſent vers le fond.**
*—Deux jeunes hommes amènent le cheval Grane,
elle s'élance vers lui, lui enlève la bride et s'appuie
familièrement sur son encolure.*

** Ici se trouvent dans le poème deux ſtrophes d'une
grande importance en ce qu'elles réſument le sens et la
moralité du drame, mais que Richard Wagner n'a pas
mises en muſique. Nous les donnons ci-deſſous :*

"O vous, êtres qui conservez la sève de la vie, ce que
je vais vous dire, retenez-le bien !—Quand vous aurez
vu l'ardeur du feu dévorer Siegfried et Brünnhilde,
quand les Filles du Rhin auront rapporté l'or aux
abîmes, alors, dans la nuit, regardez vers le nord. Si le
ciel, là-bas, s'illumine de clartés saintes, sachez bien
tous que vous contemplez la fin du Walhall."

"Comme la fumée se dissipe, la race des dieux a
passé. Je laisse le monde sans guide. Mon haut savoir
est le trésor que je lui donne. Plus de biens, plus d'or,
plus de faste divin ! Plus de maison ni de burg, plus de
maîtres suprêmes ! Plus rien de la menteuse tyrannie
des pactes obscurs et de la dure contrainte des hypocrites
conventions. Pour être heureux, en joie ou en peine,
faites régner seul—l'amour."

Les Filles du Rhin portent l'Anneau en triomphe

LE CRÉPUSCULE DES DIEUX

Grane, ami,
salut à toi !
Sais-tu bien, ami,
où moi je te mène ?
Aux rouges flammes
gît ton seigneur,
Siegfried, mon noble héros !
Heureux de le suivre,
t'entends-je hennir de joie ?
Est-ce l'appel
des flammes rieuses ?
Dans ma poitrine
sens quelle ardeur !
Claire flamme
au cœur me jaillit.
Lui, l'étreindre,
étreinte par lui !
Suprême tendresse,
m'unir toute à lui !
Heia-oiho ! Grane !
Va vers ton maître !

[*Elle s'eſt élancée sur le cheval Grane et elle s'apprête
à le faire bondir.*

Siegfried ! Siegfried !
Vois !
Brünnhild
Vole vers toi !

[*Elle lance le cheval dans la flamme du bûcher.—La
flamme s'élève en crépitant ; le feu remplit tout
l'espace devant le palais et menace le palais
même. Pleins d'épouvante, hommes et femmes se
preſsent vers le premier plan.—Quand le flamboie-
ment a tout envahi, le feu s'éteint. Des tourbillons
de fumée noire roulent au fond de la scène et s'éten-
dent en lourds nuages à l'horizon.—Au même
inſtant, le Rhin déborde. Ses flots couvrent la
place du braſier jusqu'au seuil de la salle. Les*

     2 A

trois Filles du Rhin ont reparu. Elles s'approchent en fendant les vagues à la nage.—Hagen, qui a suivi avec angoiſse tout le drame de l'anneau, à la vue des Filles du Rhin ne peut plus contenir ses craintes. Il jette précipitamment épieu, bouclier, casque, et comme insensé, entre dans les eaux, en criant :

Laissez l'anneau !

Woglinde et Wellgunde le prennent par le cou et l'entraînent dans les profondeurs. Floſhilde, qui précède ses sœurs en nageant vers le fond de la scène, élève joyeusement l'anneau reconquis.—Au lointain horizon du ciel brille auſſitôt, parmi les nuages, une rouge lueur d'incendie de plus en plus vive. A cette lumière, on voit les trois Filles du Rhin s'ébattre dans les flots apaisés et rentrés dans leur lit. Elles jouent gaiement avec l'anneau.— La salle s'eſt écroulée. De ses ruines, hommes et femmes, pénétrés d'émotion, regardent au ciel, grandir l'incendie. Son éclat, arrivé à la suprême intenſité, laiſſe voir le Walhall où dieux et héros sont réunis ainſi que l'a dit Waltraute dans son récit du premier acte.—Les hautes flammes paraiſ-sent faire irruption au Walhall. L'incendie enveloppe les dieux. La toile tombe.

Imprimerie
BALLANTYNE & CO LIMITED
Tavistock Street Covent Garden
Londres

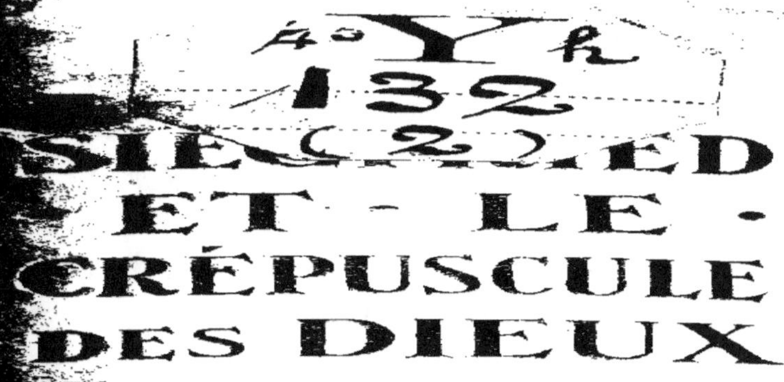

SIEGFRIED ET · LE · CRÉPUSCULE DES DIEUX

PAR RICHARD WAGNER

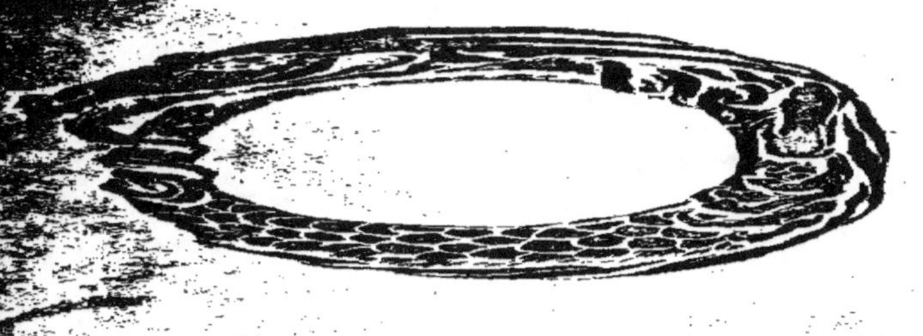

HACHETTE et CIE